魚
來
了

魚來了

魚來了

恆兆文化　　看見中國系列　001

魚來了

中國股市

魚

來了

周密 著

序

　　我做了十年的股票，幾乎是從零開始。漸漸的，不知不覺我辭去了一切工作，用股票的獲利為生活開支。漸漸的，用股市的獲利購買房子，漸漸的，我意識到做股票給了我管理金錢的感悟。於是，我把管理金錢作為一項事業，我快樂的管理著我的錢，使它升值、看它成長。

　　我開辦了網站，我快樂的經營著我的網站，希望把理財的教訓和故事以及一些技巧傳播給關心理財的朋友們。我很高興寫下這本書，希望朋友們從此能把自己的錢變成「一隻很會生蛋的母雞」，或者用很小的「餌」在股市上釣上幾條大魚。

　　母雞又下了一個蛋，釣魚的人又牽上一條魚……如此這些都是生活中多麼美好的瞬間，財富之於人，它的增長會給人帶來享受，哪怕只是很小，但每一次都會讓你快樂。

　　不要怕股市。是的，股市會使一些人賠，但是希望母雞下蛋就要給母雞東西吃，希望魚兒上鉤就要投下魚餌。如果一個人認為這些「小小的投資」都怕失去、無法承受，那麼我想這個人一生都無法得到「雞蛋」或者「魚」。

這是我十年來的感受：

堅持，等魚來。

但是我十年以來看見無數的人經歷著同樣的過程：投餌，等魚來，等了又等，又投餌，不見魚來。他放棄了，他走了，這時魚真的來了，他不再相信了。可是他看見有一個人釣上了魚，又有一個人釣上了魚……他終於忍不住了，又來了，投餌，釣上一條小魚。他高興了，發現水裡的確有魚。投餌，等魚來，等了又等，又投餌……其實，這時候魚已經走了……

股市乃一池活水，其中必然有魚。每一個人都可以成為漁者。只是魚來魚往有周期。

這是我對當前股市的看法：

魚來了！

楔子

　　在上大學以前，我從來沒有考慮過「錢」對人的作用，也不需要考慮這個問題。像所有的孩子一樣，一切都由家長來負擔，而自己連「負擔」是什麼概念都不清楚。「自食其力」、「優勝劣汰」好像離我們很遙遠。家長多數希望孩子好好學習，學好了上大學，畢業後找一份工作容易一些。在孩子在校讀書期間，只是默默地為孩子創造優越的條件，只求孩子提高學習成績。

　　然而，一些發達國家的父母，從小讓孩子瞭解社會各方面的問題，讓孩子知道這個社會除了玩和學習，還有工作和薪酬的關係、金錢的運作規律……而中國的父母們卻希望孩子在成人之前盡可能地隔絕孩子對「金錢」的認識，等到孩子有一天畢業離開學校，真正接觸社會時，忽然要接受許多與過去不同的觀念，忽然要對金錢的作用重新再認識，忽然要以金錢為主線去工作、去生活，甚至於婚姻，年輕人的內心無疑要受到一場史無前例的「洗禮」，這種震動無疑是一種毫無防備的傷害，如同一個平地正常行走的人，忽然落入井裡。

而這口井正是父母設下的。

　　一些大學生畢業以後，他的價值觀和生存本領簡直與一個傻瓜沒有區別。清華的一個畢業生，畢業後竟然找不到工作，只好去掃大街，他如果有一點點生存的本領，也不會做出這樣令人惋惜的事情來。

　　當然這也不能全怪他，他的父母沒有給他灌輸關於「生存」的理念，也沒有給他灌輸把「知識」化為「財富」的理念。他只把知識放在腦中，沒有人給他一個「輸出」的程式。

　　現在我已經有了自己的孩子。在孩子一歲多時，我就有意無意地讓她多認識一些字。逛商店時，就指著上面的字告訴她：這是「華聯商廈」；去藥店買藥時，我就告訴她：那牌子上寫的是「同仁堂」；打開地圖時，就告訴她：你看「北京地圖」。孩子的記憶力是驚人的，她兩歲多就認識1,000多個字，而我們並沒有做特殊的訓練，有一半以上的字是她自己看見要求認識的。她在幼稚園裡學英語，在家我鼓勵她向姥姥學習福建話，我鼓勵她向同班日本回來的東東學日語。

三歲前我教她學算術，很快她會計算了。於是，我開始讓她認識錢，這時，她才四歲。

我感覺這至關重要。

我讓她自己體驗用錢買糖、買冰棒的過程。

有一天她突然問我：錢是從哪裡來的。

我很高興，其實這正是我想告訴她的，她要是不問，我還不知道從何說起。我告訴她：媽媽做股票，從股市裡掙錢，然後拿回家裡給她買糖吃。

從此，她的小腦袋裡知道股市裡有錢。這裡還有個花絮。

一天，我和先生討論道，明年股市裡機會很多，可能會暴漲。她牽著我的衣角問：「媽媽，什麼是暴漲？」當時，我沈浸在討論中，無暇回答，只是說：「明年，股市裡撒錢。」過了幾天，她高興地告訴我，她告訴了所有的小朋友，明年股市撒錢，到時候讓小朋友都去撿。

我樂了半天。

然而我還是向她承認了我說的不夠準確。「股市會暴

漲，像撒錢一樣，但不是真的撒錢。」女兒還怪我：「撒錢就是撒錢，暴漲就是暴漲，不能把暴漲說成是撒錢……」

我沉思了半天，她說的沒錯，家長有義務告訴孩子真實正確的東西，比如說生活就是生活，童話就是童話。她不會因為知道童話是假的而不愛聽童話，也不會因為知道現實而缺乏了想像力。

我很高興和她交談，告訴她我所知道的規則，其實在幼稚園裡，老師應該組織這樣的遊戲課程：讓孩子們類比社會中的各種活動，除了傳統的「扮家家」內容以外，再增加一些關於「錢」的遊戲。比如：模擬銀行和客戶的關係，模擬一個公司的運營……畢竟，這是一個經濟社會。

接著，我告訴孩子，我在股市上就是在做這樣的事情：我用錢買了一家公司的股票，就成為了這家公司的股東，如果覺得這家公司好，就堅持擁有它的股票，如果覺得這家公司不夠好，又有人出比我更高的價格買的話，就賣掉它。

我們炒股的中心意思應當就是這樣的。只是許多人並不重視自己的「股東權」，而只盯住買賣之間的差價。這是證

券市場不發達時候的情況，人們投資理念還處於極落後的狀態。許多人認為股市的魅力在於它像一個「賭場」，可以有機會賭一把，今天買而明天就有機會贏利。而我認為：股市真正的魅力應當在於它給人們提供了一個便捷的投資場所，改變了以往極端狹隘的投資渠道。我們可以有許多的投資選擇並同時兼有許多長期和短期的機會。

我想給孩子更多的有關「錢」的資訊、錢的作用、錢的流轉、我們運作錢的理念等等。我多麼希望她對「錢」不會有陌生或者偏頗的觀念。因為在這個世界上，魚對於一個漁者來說是多麼的重要。

著名的投機家索羅斯寫第一本著作時，事業還沒有展開，剛剛結婚，正式成為美國公民，還沒有多少錢，但已經寫下——人不一定更注重擁有物質，而不重視擁有精神、藝術和道德的價值，但所有的價值都可以簡化為貨幣。

在我小的時候，曾經有一段時間，大有「視金錢如糞土」的架勢。

當時，我上高中，是品學皆優的「好學生」。一天，在

大學裡教書的父親帶朋友來家裡玩，問我將來想做什麼工作。我回答：當老師。他們一愣，半開玩笑地說：「當老師的工資可低了，掙錢太少了。」我回答：「你們就知道錢，我才不在乎呢！」

大人們目瞪口呆。

後來，我在報紙上看到這樣一個極端的故事：

在一個四合院裡住著幾戶人家。有一天，其中一家的主人被害了，警方展開調查，很快發現是一個小男孩所為。小男孩僅僅認為那一家人很有錢，所以一定是一個壞人，就動了殺機，殺了人之後，還把他家裡的電器分給周圍的窮人家。

這樣的嫉「錢」如仇、劫富濟貧，令人震驚。如果孩子們能夠正確地認識「錢」，這樣的悲劇便不會發生。

所以，我盡可能地從小培養孩子的理財知識。因為，提高金錢的知識長遠來說就是提高生活的品質。

目錄

006　序
008　楔子

第一章

理財，我是這樣開始的

021　數一數，活一輩子要多少錢？
025　理財，就可多一份收入
026　窮人與富人的差別
027　認識金錢增長魔力
029　投資理財很複雜嗎？
032　朋友，用錢買買股票好嗎？
033　機會來了
034　我發現了魚群

第二章

中國股市的崛起與趨勢

040　中國資本市場的發展
042　中國證券市場的發展
048　股市的問題與陷阱
076　中國特有的股市問題
078　有關外資與國有股

第三章

105元月薪到千萬資產之路

082　跳出囚籠，初嚐賺股票快錢滋味
086　正式領略股市的暴利與風險

第四章

股票，讓我看見了投資與生活智慧

099　錢是「活」的，處處都有機會
103　富裕不富裕與理財和模式有關
105　從錢指揮我到我指揮錢
107　學習、創新就是賺錢的好方式
109　熱情，將帶來有形無形的財富
112　找到終身投入的「遊戲」是幸福
115　閒與靜是致勝關鍵
120　存在的就是合理的
122　期待成為中國的巴菲特

第五章

認識股票之前，先認識自己

128 認識上的局限性

131 心理上的情緒性

138 行動上的習慣

第六章

中國股市三次牛、熊大循環

148 股市中的牛市、熊市週期

150 感知股市季節的冷熱

153 不用試圖改變市場氣候

154 我的股市恆等式：牛市＝贏利

157 我所經歷的三次牛市

164 我的牛市操作建議

168 熊市是什麼樣子--以美國為例

171 我所經歷的三次熊市

178 我的熊市操作建議

184 我的看法與經驗

第七章

我如何選股與尋找買賣點

190 阿慌——許多人共同的故事

196 兩種選股的方法

201 長期投資類股選擇的建議

203 兩種評估股價的理論

209 我是這樣為股票定價的

221 買入股票的方法

225 賣出股票的方法

229 我的投資方法

234 我的三個選股篩子

第八章

中國股市未來趨勢分析

238 基本面良好

255 技術面——MACD月線指標長線看多

257 個人經驗

附錄

如何投資中國股市

263 台灣與大陸股市交易的差異

263 中國股票種類

264 如何買進大陸 B 股

第一章

理財，我是這樣開始的

如果經濟是一個世界，股市就是這個世界的湖海，

而我們就是奔跑在湖邊觀看潮起潮落的人。

在魚來的季節，下水撈魚、叉魚、釣魚，竭盡所能去捕魚；

在魚少的季節，等待並且觀察，等待下一次機會。

十年以後，我欣喜地看著我的魚簍，發現魚兒真不少……

凱恩站在一個百貨商店門口，目不暇接地瀏覽著色彩繽紛的商品，這時，他身邊走來一個衣冠楚楚的紳士，口裡叼著雪茄。

凱恩恭敬地走上去，對紳士禮貌地問：「您的雪茄很香，好像很貴吧。」

「2美元一支。」

「好傢伙……您一天抽幾支呢？」

「10支吧。」

「天哪！您抽菸多久了？」

「40年前就抽上了。」

「什麼？您仔細算算，要是不抽菸的話，那些錢足夠買這幢百貨商場了。」

「那麼說，您也抽菸了？」

「我才不抽呢！」

「那麼，您買下這幢百貨商場嗎？」

「沒有啊。」

「告訴您，這幢百貨商場就是我的。」

這是個很有趣的故事。

不能否認凱恩不聰明。其一，他心算能力很快，一下子

就算出40年每天抽10支2美元一支的雪茄就可以買下一幢百貨商場；其二，他很懂勤儉持家由小到大的道理，並身體力行，從不抽菸。然而，凱恩的智慧並沒有變成錢，因為他既沒有享受雪茄，也沒有攢下買百貨商場的錢。

所以，凱恩的省錢智慧是不增值的，紳士的智慧才是增值的智慧──錢是靠賺出來的，而不是靠勤儉攢下來的。

有一位企業家說：一個人有什麼樣的前途，關鍵看他的「悟」性。「悟」需要把頭腦運轉起來，「處處留心皆生意」，而對於錢，同樣需要「運轉」起來。

省錢是目前為止最差的理財手段。而錢，在成功人的手裡運轉自如。省錢的人處處被錢牽著鼻子走，而牽著錢的鼻子走的人把錢越滾越多。

錢是母雞，精明的人要做的事不是儘量地讓它少吃，而是讓它多生蛋。

數一數，活一輩子要多少錢？

多少錢才夠花？錢真是讓人傷腦筋呀！

錢──無一例外地制約著我們每一個人的生活，一篇《在上海生存，需要多少錢才夠用》，讓我領悟了一些事。

多少錢才算是安全性的存款？

每個人的定義不同，有人說五百萬（以下均以人民幣計。換算成新台幣乘以4；換算美金除以8.2），有人說一千萬。但是我要的不多，我只要：月薪×24個月就好了。如果以平均都會區的薪水而言，我的安全存款是120,000元。你覺得合理嗎？

● 什麼是夠用的錢？

　　講到夠用的錢，就必須算一下，我們到底要多少錢才算是夠用，讓我們把這輩子要花多少錢算一下。如果從現在開始工作30年的話，我們需要什麼呢？

　　1.房子：在上海市買一棟房子，包括裝潢需要多少錢？100萬會不會太多？應該差不多啦。不夠吧！換算成租金大約是3,500/月×12個月×30年＝126萬元。

　　2.汽車：買一輛還算安全的車子，25萬一輛應該不會太過份吧。這輛車讓你開六年，應該要換了吧，三十年你需要換五部車。所以是25萬×5＝125萬元。

　　3.孩子：你想生幾個孩子呢？1個可以吧。培養一個孩子到大學畢業大約需要60萬元，不包括留學，像到哈佛念書一年要100萬元。所以你需要準備的教育費是60萬元。

　　4.孝順父母：一個月給爸爸媽媽每人500元，會不會太多，如果結婚後，夫妻雙方四個人，你要孝順父母的錢大約

是：500×4人×12個×30年＝72萬元。

5.家庭開支：一家四口，每個月家用花費算3,500，差不多吧，包括買菜、水電、電話費等等。3500×12個月×30年＝126萬元。

6.休閒生活：一年的休閒費用約多少，看電影、放假的旅行、郊遊等，一年花1萬元，應該不會太多吧。1萬元×30年＝30萬元。

7.退休金：如果你六十歲退休，可以再活十五年，每個月和你的老伴用3,500元過日子，可以接受吧？3500元×12個月×15年＝63萬元。

現在我們來算一算需要多少錢？

	房子	126萬元
	車子	125萬元
	孩子	60萬元
	父母	72萬元
	家用	126萬元
	休閒	30萬元
＋	晚年	63萬元
	總計	602萬元

仔細看看有沒有錯？換句話說，你每個月只要有1.7萬元的收入，就夠一輩子花用了。

有沒有搞錯啊，每個月要賺1.7萬元？

沒錯啊，是這樣算的：602萬元÷30年÷12個月＝1.6722萬元

深圳地區平均收入5,000元/月，換句話說，一年的收入是6萬元，三十年的收入是：

5,000/月×12個月×30年＝180萬元

如果是夫妻一起賺180萬×2＝360萬元，那麼你還差

602萬-360萬＝242萬元

還差這麼多，怎麼補救呢？

1、242萬元÷30年÷12個月＝6,722元

（只要每月再增加這麼多）

2、242萬元-60萬元＝182萬元

182萬元÷30年÷12個月＝5,050元

（決定不生小孩後，每個月還是需要增加5,050元）

3、242萬元-（60＋72萬元）＝110萬元

110萬元÷30年÷12個月＝3,055元

（如果再做個不孝子，每個月還是需要增加3,055元）

剛剛算的金額，可以仔細看一看，並不是非常好的生活哦！只是還過得去而已，並不算是很滿意的，可以說是安安份份、平平凡凡的日子罷了，都需要這麼多錢耶。

如果你平生無大志，只求六十分，這剛好是六十分，它

是人生起碼的生活標準，如果你沒有特別的夢想，那你從現在開始努力去賺足602萬元吧。

真是讓人心情沈重！

其實上，錢再多都不夠花、錢再少也夠花。十年前我每月105元的工資，每月有10元左右的錢可以存下，但現在即使每天預算200元有時還感到好像不太夠用。

因為對未來的不確定，我們總害怕將來物價水準高漲，怕將來競爭激烈以後失去工作，於是壓力、擔憂無處不在。

我想奉勸朋友們的是，離開這些無用的憂慮和恐懼吧，讓我們的話題轉向：怎樣會更富有、怎樣感覺更快樂。

我的經驗是——讓我們開始理財吧！

理財，就可多一份收入

給我20萬元押金，給你一份穩定輕鬆的工作，每月固定工資1,000元。

你覺得怎麼樣？是不是覺得合算？20萬元銀行一年的利息是4,000元，而在我這裡你一年的薪水是12,000元，是利息的3倍，我想你肯定同意。

其實，這裡面最贏的還是我。我可以這樣操作：用20萬的押金納入我的投資理財，我的投資理財在八年中年收益平

均在20%以上，那麼這20萬可產生4萬的利潤，我每年只付出1.2萬元作為工資，淨贏利2.8萬元，如果我給你安排的工作每年再有1.2萬元的價值，我的淨贏利就有4萬元。

我舉這個例子並不是慫恿你把錢存在我手裡，我只是陳述一個理念，如果你有20萬元，如果你把握了投資理財的技巧，相當於得到了一份月薪1,000～3,000元的穩定工作，而且這份工作還相當輕鬆，不影響你原有工作的進行。

投資理財——就是這樣有魅力。你用過這樣的方法嗎？你因為投資而收益了嗎？

窮人與富人的差別

同時起跑10年後，為什麼有的人窮困潦倒、有的人富可敵國？

你相信嗎，這個問題的答案是：因為不同的理念。

甲努力工作，十分節儉，10年來，每個月平均攢錢1,000元，再加上利息，10年以後，他的存摺上也許會有15萬元。

乙也努力工作，而他一開始就摸索投資之道，並沒有在工資上節儉，而是把工夫下在為公司提出一些理財觀念和方案，公司發現他的方法確實可以為公司獲得利潤，於是他有

機會為比較大的資金理財，他只需要恪守著把風險降低到最小的原則，在證券市場上保守投資，即可得到年收益率10%以上的利潤。之後，他獲得了5萬元的獎勵。他把獎勵的獎金再投資，10年以後，他的存摺上只有2萬元的生活備用現金，而他的證券帳戶上的資產已經超過百萬元。

　　像甲這樣做，窮其一生也成不了百萬富翁。

　　雖然有投資理念的人未必都很富有，但是富有的人一定都有投資理財的理念。美國首富比爾‧蓋茨與美國理財大師巴菲特是好朋友，蓋茨因為他的電腦而取得成功，這之後他之所以能繼續增值財富，是因為他有著成熟的投資理財理念。他曾經說過，巴菲特的投資理念讓他著迷。或許將來，我們看到的不是電腦奇才蓋茨，而是理財專家蓋茨。

　　所以，給孩子留大筆存款，不如給孩子做人做事的道理和投資的理念。給孩子做人做事的道理父母都認同，這屬於道德範疇，但在經濟範疇，家長有時很難給出一個像樣的理念，因為他們自己都困擾其中。

認識金錢增長魔力

　　1988年墨西哥金融危機時，通貨膨脹率高達100％，哥特

蘭蒂哥銀行為吸引民間存款，推出一項年利率高達149%的保值存款業務，塞妮婭將一筆相當於2,000美元的養老金存進該行。

隨著墨西哥經濟復甦，銀行很快調整了利率，但因作業疏失，塞妮婭被漏掉了。工作異常認真負責的電腦仍舊按照149%給塞妮婭計息，直到1998年塞妮婭要提取這筆錢時，出納員發現塞妮婭的財產竟然達到了480億美元！銀行想方設法凍結了這個帳戶，但老太太告上法院，法院判決銀行全額照付，於是，銀行又再提起上訴到最高法院⋯⋯

金錢的複利配合時間擁有可怕的魔力！它已經完全忽略了人們的本金。

從理論上來講，我們都有機會從現在開始做高報酬的投資，讓投資的企業給我們帶來財富。美國股神巴菲特投資過吉列、可口可樂等公司，這些公司的高速發展，為他帶來了可觀的財富，現有資產400多億。人們不禁要問，他每年投資的投資報酬率是多少，答案是：只有28.8%。而巴菲特從小生活的那個小鎮上，也因為入股巴菲特的公司，出現了兩百多個億萬富翁。

目前中國正處於發展速度最快的年代裡，這是產生中國巴菲特的特定年代，投資理財如此的迫切，我們或者成為巴菲特，或者成為巴菲特鎮上那些入股巴菲特公司的人。我相

信10年、20年或40年以後，一定會出現中國的股神。

投資理財很複雜嗎？

投資理財複雜嗎？

讓我們先來欣賞葉風的趣文《換一個燈泡需要幾個人》

要是由電工換一個燒壞的燈泡，需要幾個人？

答：只需一個人，可是當你找他的時候，卻總找不到。

要是由評論家更換呢？

答：需要兩個人，一個換燈泡，另一個則在旁邊指手畫腳地批評他。

要是由一個丈夫來更換呢？

答：需要3個人，他會命令妻子扶凳子，兒子打手電筒。

要是由詩人更換呢？

答：需要4個人，一個咒罵黑暗，一個點亮蠟燭，一個在緬懷光明，一個換燈泡（不一定能成）。

要是由員警更換呢？

答：需要5個人，一個負責封鎖、保護現場.並拉響警報，一個登記備案，至少有兩個追查壞的原因並設置警衛，剩下的一個更換燈泡。

要是由官僚來更換呢？

答：需要……我也不知道會需要多少個人，他們會讓父親帶著妻子、兒子到管理部門陳述燈泡毀壞經過，並筆錄備案，簽字畫押，然後他們會命令員警調查取證，核實燈泡毀壞緣由，對該事故做出分析，鑒定電工需提供燈泡可能自然燒毀的理論材料，及自己當初安裝該燈泡時的佈線圖及詳細操作過程，以證明自己操作正確規範，並就擅離職守寫出書面檢討。

最後，官僚們還要召開「領導碰頭會」、「部門負責人分析討論會」及「基層擴大會議」等3次會議來研究解決更換燈泡的問題，並將更換燈泡的具體安排以黨形式下達，層層落實：A負責將廢燈泡回收；B負責關於購買新燈泡的申請，C、D、E等若干人辦理申請手續，R負責將訂購單交給採購部門，S負責下達分派購買任務，T填寫採購單，U驗收燈泡，V報銷發票，W檢查督導……

評論家也不會閒著，他們會就該事件發生的各個階段做出評論、分析、預測……

詩人也會很忙碌，他們會圍繞著該事件，從各個不同的角度撰寫詩歌，或詛咒黑暗，或怒斥腐敗，或讚美光明，或頌揚廉潔，總之，詩人們會將該事件推廣普及到社會生活的各個方面、各個領域……

原來換燈泡也可以這樣複雜！

讓我們回到主要問題來──投資理財很複雜嗎？

我想這樣回答：說起來很複雜。首先，人們要有閒錢，然後還要有一定的時間，還要有正確的理念，以及理念指導下的操作，操作過程中還要有正常的心態。任何一項失誤都會導致投資失敗。然而，投資理財的事情卻真的很簡單！

──幸好決定做這件事情的不是官僚，而是你自己，這就簡單多了。只要你自己決定做這件事，你就可以很敏捷、很乾淨俐落地裝上那個「燈泡」，光明就在眼前。

──幸好股市上的投資理財不需要太高額的資金就可以開始。這就更簡單了。理論上，你開了戶以後，一次最少買100股（也就是1手），而目前最便宜的基金大約不到0.7元，只要有70元就可以開始投資生涯了。

──幸好不需要多少時間。如果你熟練掌握了，每天買賣一次只需要用電話來操作2分鐘。

──幸好有許多人成功過、失敗過，總結了那麼多經驗可以借鑒。

──幸好我們生活在高速發展的年代。獲得好的收益最多是多等幾年。

投資其實很簡單，用一些錢去開戶吧，熟悉它，你將會有自己的一套投資手法，也許對你來講這才是最好的。

朋友，用錢買買股票好嗎？

我女兒吵著要吃霜淇淋。

「別吵，別吵！昨天不是吃了一個霜淇淋了嗎？今天咱們這樣吧，媽媽把買霜淇淋的5元給你買1股股票好嗎？」

「為什麼？」

「買了股票，等你長大了，可以吃到10個霜淇淋，你看怎麼樣？」

「真的？」孩子的眼睛裡滿是歡喜，4歲的孩子已經懂得期待了。

她說：「好！就這麼定了！」

鄰居家的「酷哥兒」今年上初二，要去聽周華健的演唱會。

「這票價太貴了！」我說。

「不貴、不貴，我買的是220元的，是最便宜的，最貴的要1,000多呢！」酷哥說。

「周華健的歌你又不是沒有聽過！這樣吧，你把這220元拿去買股票，每年獲得的收益可以供你買下一張最新的音樂光碟。」

「哦……那我考慮一下。」

路過商店，我看見買彩券的人排成長隊。我恨不得上去挨個兒告訴他們：「用你們的錢買股票吧！」但我沒有，因為很可能我得到的回答是：白眼。

鄰居家的大嬸每月花20元買彩票，堅持了3年。我勸她買股票，她不屑道：「股票能一下子贏500萬嗎？」我想她希望股市是賭場。

我叔叔是個企業家。當我向他推薦買股票時，他認為：股票市場是在做「零和遊戲」。就像麻將桌上，你輸的錢跑到我的口袋裡，在股市裡，國家要抽稅、證券公司要扣手續費，大家遲早會把錢越玩越少。他認為股市就是賭場。

其實股市就是股市。股市裡買賣的也是商品，只是這商品已經不是傳統的實物，而是虛擬的產權。就像我們習慣上街買黃瓜，也習慣他人賣黃瓜一樣。

機會來了

問一位成功人士「機會」是不是很重要？

對已經成功的人會肯定地回答：十分重要！

「但為什麼機會總是不來找我，或者，我總是找不到機會呢？」

我也曾經這樣想過、這樣抱怨過。

如今，我不再這樣想。其實許多機會就在我們身邊。打開報紙看一看，你就會發現，當哪裡發生「災難」的時候，哪裡就蘊藏著機會——

有一年，日元貶值到了150日元兌換1美元，輿論譁然。當時，買入日元就是機會。不久以後，日元升到100日元兌換1美元。九個月時間，財富可增值50％以上。

幾年前，我去購買首飾時，發現金價很低，又看報紙說金價下跌嚴重，創了若干年最低，其言語間流露出黃金市場「災難深重」的意味。當時我腦中一閃念：該去買黃金了！但當時中國的金交所還沒有開立，黃金的國際期貨管道也不通。

再有，納斯達克暴跌，搜狐、新浪等股價下跌到1美元以下，我又想著如何可以購買一些，但也是因為管道不通，操作麻煩沒有做。

但是，現在，機會轉回到了我們身邊。

因為從主客觀環境看，中國股市現在已經是進場的大好機會了（請參閱本書第八章）。讓我們就搭這一場投資理財的順風之旅吧！

我發現了魚群

發現了魚群的人，已經準備好了一切抓魚的工具，他心中充滿希望，他告訴朋友們好大的「魚群」要來了！

　　股市給了我很多機會，每次我在這裡面獲利以後，我都會很樂意把這些機會告訴周圍的親戚和朋友們。共用這些機會：第一不會使我減少機會，第二使朋友獲得機會總讓我感到由衷的快樂。

　　那時我剛進股市不久，我的一個同事告訴我她有機會可以購買2,000股某某藥業的原始股，因為她的先生在那企業工作，職工股最多可以購買2,000股。每股1元多，她問我是不是應該買，她很猶豫。我鄭重地告訴她：「這是機會，一定要買！」我看她還很猶豫，就半開玩笑地告訴她：「你如果真的不願意買，那麼我買，我每股加上1元買。」其實，玩笑歸玩笑，那時新股上市預計起碼值10元，而原始股不到2元，獲利是極明顯的，我怎麼可能去搶朋友並不多見的機會呢？

　　幾個月以後，這支新股上市，價格定在14元左右，如果2,000股原始股此時拋掉，可純贏利20,000元以上，相當於普通職工20個月的工資。我的同事給我來了電話，感謝我堅決地勸她買入，她下了一萬次決心，終於買了800股，並在14元時把這800股全部都拋掉。

　　她說沒我的支援，她會連這800股都不買，她說那個企業的職工基本上沒有什麼人買，都不太懂，怕股票有風險……

我很遺憾沒有買入那1,200股，我遺憾居然這麼多人對股市毫無瞭解，我遺憾有這麼好的機會、這麼多人不知道利用。如果當初我花錢把這1,200股買下，再在14元的時候拋出，那該有多好。

我暗暗想過：要是去蒐集這些原始股，再等半年，在二級市場上市的時候賣出，那是多麼暴利的事情！

後來，出現了一群收購原始股並暴富的一族，他們付出了行動，扛著現金到那些將要上市的公司，以高出10％的價格向職工收購原始股，之後，在二級市場上賣掉，再去買另外一家。為了收購，他們跑遍全國各地。

不久以後在發行原始股時，是用抽籤的方法。最開始用的是申購單子而不是在網上申購。又有機靈的人開始扛著現金去搞申購、倒單子。一時間，一級市場的機會陡增。

在股市，這樣的機會還有很多很多。因為變革而產生機會。而中國的股市產生的時間還不長，變革是家常便飯，機會總在我們的身邊。

我只是想告訴身邊的朋友，哪裡有大的「魚群」。而多數的情況，那些朋友都認為：捉魚有風險，還要擔心白白丟了魚餌，還是先把「米」搬回家再說吧。

也不是所有的朋友都不相信我的「魚群」。

例如，在1996年大牛市，我告訴所有的朋友，股市有大

機會。最後，我的媽媽和我先生的朋友「小饅頭」聽了我的建議，投資於股市，兩年後他們贏利了150％。而大部分朋友是在牛市發展很「熱」的時候，才對股市發生興趣，殊不知，股市的真正的風險之一就是市場熱。

　　現在的時間是2005年3月，我聞到濃濃的「魚群」味道，大魚群又要出現了。我很想大聲說一聲：來股市吧，朋友們！

第二章

中國股市的崛起與趨勢

對於中國的崛起，大家都有著又怕又愛的情節，

然而長久以來中國股市一直流傳「股市邊緣化」的顧慮，

事實上，未來中國股市不但不會邊緣化，還會大力發展。

你認識股市嗎？

我問我四歲的孩子。

她說：認識，股市裡有電話，還有好多好多的電腦。

哦！我們齊聲笑了。

你真的認識股市嗎？我經常問自己：

我們認識股市有什麼用嗎？

而且股市裡的問題那麼多……

我在寫此書時也在考慮，要不要向朋友們介紹一下中國股市的一些情況，後來覺得還是介紹一下比較好。

就像我給朋友介紹一個人，說一說他的一些經歷，朋友們會很容易記住他、瞭解他。

我介紹股市的目的不僅是為了讓朋友們瞭解股市，更重要的是：我希望朋友們能同我一起感受到——發展。

在這一章中，朋友們如果能夠深切的感受到「發展」，就能在今後面臨股市一些具體問題而感覺困惑和恐懼時，能保持積極探討問題的心態，並保持健康樂觀，那麼我將由衷的欣慰。

中國資本市場的發展

這社會上有的人有錢（資本），沒地方投資，而有的人想投資又沒有錢（資本），怎麼辦？

那就辦個資本市場吧！讓資金從沒有生產性投資機會的人那裡流向有這種機會的人手裡。

於是，有了銀行，銀行吸納存款，放出貸款，雙方就都滿意了。

後來，有錢人想更直接投資，生產者也想得到直接投資，雙方都想繞過銀行，於是又有了證券市場，投資和融資就更直接和自由了。

改革開放以後，中國資本市場到目前為止，其發展經歷了兩個階段：

● 第一階段：由財政撥款改為銀行貸款

始於1979年國家對基本建設專案實行由財政撥款改為銀行貸款（撥改貸）的試點，銀行信貸由此開始替代財政撥款，正式涉足固定資產投資領域。

1981年中國決定發行國庫券支援家建設，證券開始進入資本市場。

1984年全面推行「撥改貸」以後，中長期信貸成為中國資本市場上最主要的融資方式。

● **第二階段股票市場開始飛速發展**

　　始於80年代中期，首先是企業債券和股票初露頭角，開始櫃檯交易；1990和1991年上海和深圳證券交易所先後成立之後，中國證券市場特別是股票市場開始飛速發展。

中國證券市場的發展

　　讓我們再來看看證券市場的發展。中國股票市場的初步形成過程大致分為兩個階段：

● **第一階段：嘗試探索（1981～1990年）**

　　1979年改革開放以來，中國的股票發行市場開始萌芽。1984年全國第一家發行「股票」（五年期）的「股份」——「天橋百貨」在北京成立。幾個月後，上海「飛樂音響」公開發行不償還股票（股票都是不償還的，有時為了與債券區隔，又把股票稱為「不償還股票」，其實就是股票的意思）。

　　1985年全部以發行股票方式募集資金發起設立的上海「延中實業」成立。

　　1986年上海、深圳、瀋陽、重慶等地的一些國有企業開始進行股份制改革試點（一項政策的實行，要在一個地區

以小範圍的試驗，就叫「試點」），公開發行公司股票。同年，上海率先開始開辦股票上市轉讓業務。隨後，深圳的股票轉讓交易也開始進行。為了進行證券交易，一批證券公司相繼成立。1987年全國第一家證券公司——深圳證券公司成立，此後證券公司迅速發展。

● **第二階段：交易所的出現，股票市場形成（1991～1999年）**

1.設立交易所。

為了進一步規範證券交易所，將證券交易由分散的櫃檯交易向集中化的交易體制過渡勢在必行。

1990年11月中國第一家證券交易所——上海證券交易所宣佈成立。

1991年7月籌建一年半之久的深圳證券交易所正式運營。

上海和深圳證券交易所的成立標示了中國證券市場發展開始從分散的櫃檯交易進入到了組織化、制度化的集中交易的新階段。中國證券業兩個主板市場（指的是現在的滬深股市，這種名稱相對於「創業板」來說）的基本格局初步奠定，並從1993年之後迅速發展成為全國性的證券交易市場。與此同時，25家全國性或地方性的證券交易所——「證券交

易中心」相繼在天津、武漢和瀋陽等地成立，形成了兩個全國性證券交易所、兩個全國性場外交易系統和20多家交易中心、3,000家櫃檯交易證券營業網點組成的市場構架。1996年以來，中國證監會逐步清理，地方性證券交易中心逐漸關閉，最終演變為以深、滬兩個證券交易所為主的證券市場體系。

2.設立B股市場

隨著證券交易所的逐步發展，證券交易規模不斷擴大，交易品種也在逐步增加。除了普通股票A股之外，1991年底發行了人民幣特種股票——以人民幣標值、專供外國投資者以外匯進行交易的B股。

1992年2月「上海電真空B股」和「深圳南玻B股」分別在上海和深圳證券交易所上市，標示了中國B股市場的正式形成。

3.頒佈實施《證券法》

1999年7月1日，《證券法》的正式實施，是證券市場十年發展的里程碑。代表著中國證券市場體系的初步形成，同時也標示了中國證券市場進入了一個新的發展階段。

2001年12月中國加入WTO，證券市場開放進入新階段。

2002年2月，第二次全國金融工作會議召開，會議強調提出「金融在市場配置資源中起著核心作用」、「金融安全是國家經濟安全的核心」，會議對在新形勢下推進中國證券市場穩定健康發展具有十分重要的指導作用。

2000年以來，監管層實行發行上市核准制，上市公司的退出機制啓動，上市公司質量得到明顯改善，為證券市場穩定、健康發展打下堅實的基礎。允許券商以股票質押融資，鼓勵保險資金、社會保障基金人市，設立中外合資的證券投資基金管理公司，以及研究引入「合格的境外機構投資者機制」（QFII）等政策措施，使證券市場在市場化、國際化方面邁上一個新的臺階。

現在中國對外開放QFII額度還很少，這是對中國股市的保護。但可以預期的QFII額度開放將會愈來愈多，對中國的影響也會愈來愈大，包括對大衆的投資理念，也包括對制定法律有很大的影響。

記得十多年前，最早市場上只有十幾種股票，人們想做其他交易品種幾乎沒有，每天市場成交8-9億元就算是「天量」。如今證券市場在市場容量、交易品種、交易手段、清算體系以及監管規則等各方面發展速度之快令人匪夷所思。目前中國證券市場共有A股、B股、國債現貨、國債回購、企業債券、可轉換債券和基金7個交易品種。年度市場交易額超

過5萬億元，滬市每天成交如果低於30億元，就會被認為是「地量」。

此外，經紀及仲介機構迅猛發展。全國有證券公司125家，證券營業部2,800家，資產總額6,660億元，從業人員逾12萬人。證券投資諮詢公司200家左右。十年之前，證券營業部寥寥無幾，如今的上海的證券營業部比「米店」還多，在繁華街道走幾分鐘就能看見一家。北京也是如此，每條大街上都有證券營業部。

投資隊伍日益壯大。中國投資者開戶數已超7,000萬戶。

直接融資（發行股票對公司來說就是直接融資，發行股票多少直接融資額就多少）數額巨大。從1991年到2003年底，上市公司累計籌近10,000億元，尤其是近幾年來，隨著證券市場規模的擴大，證券市場的融資能力明顯提高，2000年以來證券市場融資額每年超過1,000億元。

多麼可觀的數字，多麼迅猛的發展——僅僅十年！

而這些數據拿出來與發達國家相比，依舊很小很小……

● 中國證券市場的規模

以2005年3月來看，中國A股市價總值不到40,000億元，A股流通市值13,000億元左右，換算成美元，市價總值約5,000億美元，僅僅相當於美國通用汽車一支股票的總市值。而流

通市值1,500億美元左右，如果蓋茨和巴菲特用個人資產聯合買中國流通的股票，可以買走一半。所以，中國上市公司相對上算是數量少、公司規模小、資本證券化水準較低的。

評判證券市場規模的重要指標為資本證券化率（證券市場市值總價/國內生產總值（GDP）），而中國證券市場市值占GDP的比重不但遠遠低於發達國家，也低於其他新型市場。

這說明中國不但發展很快，而且發展的空間還很大。在這樣的發展速度中謀機會，分享到市場發展的大蛋糕，是發達國家投資家和投機家分外嚮往的，而偏偏有很多身處其中的人們卻不以為然。

像買原始股一樣，許多職工有機會買，但偏放過好機會，職工總是不相信自己公司，這簡直已經是普遍的習慣，或者叫大眾的誤區（大家都認為的，但卻是錯誤的觀念）。

經濟發展很快，股市發展很快，知識和觀念更新很快，我們能搭上這班列車，甚至知識和觀念超越了列車的速度，財富也會以更快的速度積累，如果看不到這一點，任憑列車飛馳，只顧眼前三瓜兩棗，堅持用短淺的眼光看問題，將被歷史的列車甩下來！

在股市裡，越是感受到發展，我越是感覺緊迫和希望。

緊迫，要學的和要做的太多。

希望，未來會給人帶來驚喜！

股市的問題與陷阱

為什麼股市裡的問題那麼多？這是中國股民的心聲，也是外界對中國股市的疑問！

股市裡的問題的確很多。在這裡，我個人把問題分為兩類：一類是屬於「歷史總是重複的問題」；一類是「中國特有的問題」。

我想，作為一位投資者，分析問題的目的在於正視問題和解決我們心中的問題。讓我們回到證券市場的歷史上，看看前車之鑒，也許會有所啟發。

一、瘋狂投機的代價

溫故而知新。回顧歷史，我們可以看到發生在中國與中國以外許多瘋狂投機的故事，有些事情看上去瘋狂得毫無理智，我們都無法相信是真的，但它確實發生過，並變著花樣地跟隨著時間來到了這個時代。有時候，我想也許人性中真的含有這樣共同的衝動。

● 荷蘭鬱金香之熱

歷史上最極端的例子是17世紀發生在荷蘭的鬱金香之熱。

當時，鬱金香被引入荷蘭，大家被她的美麗所吸引。鬱金香頓時成了名花，成了貴族的玩物和象徵，擺放鬱金香成為一種財富和地位的炫耀。接著，社會中層、中下層也爭著養鬱金香。而貴族又在鬱金香的品種上下功夫，那些極不易被培養出來的雜交品種成了稀世珍寶，鬱金香的價格連連看漲。

20年代中期，鬱金香雜交的市場情形是：每一個參與者都贏錢，沒有人因為她而輸錢。因為價格一直看漲，有的人已經傾其所有，只為追買一支名貴的鬱金香；另一些人炒作鬱金香時則以鬱金香作為抵押品，向銀行貸款再投資鬱金香。

市場上還出現了許多「專家」，專門研究鬱金香的品種和價格的定位，並不停的為鬱金香的價格飆升做解釋，當時新增了一個行業叫鬱金香分析師，在一些城市正式設立了鬱金香交易所。

在鬱金香熱的最後一年，1637年1月，鬱金香價格飆升了20倍。但此後一個月，她的價格下跌了不止20倍。花還是那花，價格還是那普通花的價格，許多持有鬱金香的人上一個月還是百萬富豪的身價，這一個月已經淪為一無所有的債務人。整個國家也在為解救銀行、解救企業的倒閉、民眾的失業和貧窮問題而忙得焦頭爛額。

這個典型事件，可以在許多書中發現，並有不同的描述。據說當時有個船員不懂得鬱金香的價值，將船長的一支鬱金香的球莖當蔬菜吃掉，使得船長損失了一條船的代價。

● 中國君子蘭之事件

鬱金香的事例聽起來很可笑，但無獨有偶，這種利用植物作為瘋狂投機的事例在中國也發生過。那是在80年代初，我還有一些片段的印象。

當時，我不知道什麼叫「君子蘭」，只知道它是一種綠色植物，種在花盆裡。

有一段時間，忽然發現大人們晚上在樓下乘涼時都在談論君子蘭。當時我只是一個學生，只隱約感覺他們對君子蘭的關注超出了尋常。

一開始，人們說到：君子蘭已經漲到1,000元了。這時候大家很詫異，有的說：「真沒有想到，一盆花能值那麼多錢嗎？」

後來，又有傳聞來：君子蘭已經賣到2萬元了，到處都買不到。有人開始說：「聽說那單位某某的親戚昨天剛用5,000元買的，今天可發了。」當時的錢很值錢，萬元戶都是極少的典型。

再後來，我聽到這樣的傳聞：某單位花了6萬元買了一盆君子蘭。當時人們議論中就多了躍躍欲試的激情。有個大伯說：「前天還有人問我要不要君子蘭。3.5萬一盆，當時就是湊不到這麼多，要不今天都6萬了。」還有個青年說：「那天我大姨還在一戶人家花3.8萬買了一盆，剛出門，就被人4.2萬買走了，要是不賣，又多了1.8萬。」其餘的人紛紛打聽：「哪裡有賣的？哪裡有賣的？」

接著，不知道哪一天，君子蘭降溫了。有一天父親從市場上買回一盆君子蘭，我才第一次一睹她的風采。她的確是挺好看，一問父親，市場價已經跌成了20元。那些接了最後一棒子的不知何等淒慘……

● 其他瘋狂的投機

瘋狂的投機總會在某個未知的時候又衝動起來，它還會有各種變形。

90年代中國出現「鸚鵡熱」，據說一對名種的鸚鵡要兩三千人民幣。後來又有「寵物熱」，名貓名狗一隻要數萬元。

聽朋友講，有一個人很喜歡追逐這些「熱點」，當鸚鵡熱時養鸚鵡，結果當時進價一對最低100元，而且還是批發

價。但等鸚鵡養成了，一對鸚鵡才能賣10元。

那位仁兄貓熱狗熱時跟著大家一窩蜂的倒貓倒狗，均不成功，但還是很執著，有一天他聽人說股市熱了……

我在想：瘋狂的投機總是要付出代價的。用這樣的心態在股市熱的時候介入股市，成功的機率很低。當所有的人捲入瘋狂的時候，我們如何可以不受影響，不被捲入其中？

我在華夏大戶室8年，每每發現牛市來到時，就會有很多的新面孔，牛市達到頂峰時，座位會坐不下，熱鬧程度不亞於趕集。而每每熊市來臨就不見了這些面孔。8年下來，發現沒有離開的熟人就只有老馬、老曹兩三人。

也許人們心中真的存在「投機的衝動」，不時地在各種事物之間轉移，從動物到植物，再到文物，再到一些文化用品如郵票等，再到貨幣、債券和股票。

我聽說一枚幾分錢的郵票因為它小小的錯誤而成為極品，市場上炒到幾千元。還聽說一公司在拍賣會上以2,000萬元的價格買走幾個大紅燈籠，只是因為那燈籠曾在天安門上掛過。

● 中國股市的瘋狂

在股市上讓我目瞪口呆的是：1996年10月17日，「東

北電」漲幅達到100%。它16日收盤於7.18元，17日最高於17.01，收盤於14.99元，漲幅超過100%。當時「東北電」沒有什麼特別的消息，可見得這是莊家在拉高出貨。當天，股市最搶眼的就是「東北電」，這樣長長的陽線幾乎是全球股市都少見。但第二天東北電收盤於11.34元，12月底曾跌至5元多，以後很少上10元，一度跌至1.86元，如今也只有4元。

再就是有「深錦興」，後來改名「億安科技」。從98年中期7元多錢，經一年半時間最高炒至126元，但終於於一年後又跌回了7元。

那時盛傳著一個「老太太傳奇」：

一家證券公司營業部在2002年2月發現了一個帳戶，帳戶市值達1000萬以上，但問起員工，都不認識這個神秘的「大戶」。這可是大戶，帳面上有8萬多股億安科技！當時深錦興趕上大炒科技股熱潮搖身變成「億安科技」，股價飛到120多元。營業部四處打聽，才發現是一個老太太的，她從一開始拿2萬多股原始股，經多年配息配股已經達到8萬多股，股價又從低價位炒到120多元，帳面呈現的數字是驚人的。營業部找到老太太時，老太太正因病住院，營業部辦事人員還很發愁，不知道是否應該把這消息告訴她：告訴吧，怕她關係壞了加重病情；不告訴吧，又怕錯過了出貨的好時機。

但瘋狂畢竟不能持久，很快「億安」就下跌到了50元，後來公司虧損直跌向7元。如果不是買原始股，其他時間買了這支股，只有被套的命運。

如果股市裡有個別的「瘋狂投機」，我們也許能避免持有這支股，如果股市整體在瘋狂，我們如何避免？

● 網路股的瘋狂現象

讓我們看看前幾年美國納斯達克市場上的網路股瘋狂，無數的美國人或投資其中的各國人被捲入其中。

當時，網路的形成帶給人們一個全新的世界，也帶給人們無限的遐想，網路熱起來了，它點燃了華爾街，點燃了納斯達克，點燃了人們心中「投機衝動」之火。當時，似乎只要有錢投入網路股，即使是個白癡也能賺錢。巴菲特的理智和他的股票一同被人們所拋棄。

1999年，虧損高達1.2億美元的亞馬遜網路公司的股價，由上市時的18美元，被炒到了1,200美元（複權價）。而絕大多數的宣傳媒體還在大力鼓吹。某公司上季度虧損為0.5美元，本季度虧損為0.25美元，就被解釋為業績增加了50％，而不是繼續虧損。如果上季度每股贏利0.01美分，本季度贏利0.03美分，就被解釋為贏利增加了200％。思科的股價由上市時的18美元，經9次擴股（增資擴大公司的股票數量）股本

擴大了288倍以後，股價仍高達79美元，升值了1,200多倍。雅虎於1996年發行，發行價13美元，四年後，股本擴大了16倍，股價漲了376倍。

瘋狂總是要付出代價。

從2000年3月，納斯達克指數創歷史高峰值5,000多點，到2002年「9.11」事件時，指數已經跌到了1,300多點，雅虎從250美元的高位跌到4美元附近，有許多股票，如我們知道的網易、新浪、搜狐下跌至1美元以內。人們的財富被「災難」吞沒，憤怒和絕望甚至於導致慘劇——喬治亞州的亞特蘭大有一位股民，在全部財產埋葬於股海以後，持槍衝進了自己每天都去的證券交易所，開槍打死了十幾名職員。

平心而論，股市裡發生過度投機的事情實屬平常，偶爾也會趕上「瘋狂投機」的年代，在人們「瘋狂投機」、「過度投機」的氛圍裡，如何不受大眾的「心理暗示」，的確很難，但我想唯有「理性」可以使人們時刻保持正常的心態。

巴菲特曾說：「投資必須是理性的，如果你不能理解它，千萬不要投資。」保持「理性」，要不斷的對現在的局面做出各種分析，對已經發生過的事情不斷反思。

保持「理性」更要在日常的操作過程中，形成一套選股票的標準，形成一套操作的紀律，並保守地堅持這些原則，是最有效的避開瘋狂陷阱的辦法。

我堅持著自己的一些原則，這些原則可能不是最好的，但它指引著我在十年的股市投資中從未因持有惡劣的股票而遭受劇烈的損失。

二、價格操縱的苦果

縱使你是不沈的船，大海也不是平穩的搖籃。

股市，崇尚投資。在人們夢想著在這一片樂土投資並獲利的時候，總是會混入一些野心勃勃的「莊家」──他們有著雄厚的資金，有著對大眾心理的深刻研究，有著對大眾資本大肆洗劫的具體方案……

價格操縱是那些莊家慣用的辦法。無論是200年前的美國股市，還是如今的中國股市，每每都有關於「股市價格」被操縱的典型事例。

● 美國股市的第一個「操縱」者：杜爾

事情可以追溯到1790年附近，讓我們來看看美國股市的第一個「操縱」者──杜爾。他操縱銀行的股價成為華爾街歷史上第一次動盪的原因。

杜爾與一個超級大戶卡麥姆合作。杜爾因為任過財政部長，是當時的消息靈通人士，麥卡姆有錢。兩人商定：用麥

的名義和金錢開戶，用杜爾的投機手段和資訊優勢操盤，雙方合作，平分利潤。

一開始，杜爾用自己的錢低位買入銀行股，接著謠言四起，都傳說美國銀行準備吞併紐約銀行，後來紐約銀行並沒有被美國銀行吞併，事情果真如此的話，紐約銀行當然會一路看漲。杜爾一方面用麥的錢大量吃進紐約銀行股，把股價推上了一個臺階，另一方面，將自己帳戶內的紐約銀行股賣掉，利潤已經落入口袋，接著他動員一些大戶們也拋售此股，而這些拋出去的股，多被麥的帳戶「吸貨」。

等麥的倉位一滿，杜爾又宣揚吞併之事，一時間人們都相信了吞併的「魔力」，毫不猶豫的跟風銀行股，最後連杜爾都相信了自己的「操縱成果」，本來可以見好就收的他，又連借帶挪的用了鉅款殺入銀行股，期望再造出一個新高。然而，由於多方面的干涉，最後「操縱」沒有成功，股價已承受不住貪婪，連連下跌。當時的財政部長是漢密爾頓，他對當時的股市憂心忡忡，憤憤不平道：在光明磊落的投資與卑鄙無恥的賭博之間應該有一條分水嶺！但無法找到。時至今日，在投資與操縱之間也沒有清晰的分界。

當時如果抓不到證據，杜爾的行為無法受法律制裁。他鼓吹的事情大家都在傳說，他買賣的股票在交易方面也沒有違反規則，無可挑剔。政府眼見這樣大的市場風險產生於他

又無法給他定罪，最後終於發現了他挪用了公款去炒股，以挪用公款欠債不還的罪名將他繩之於法。

● 中國第一樁價格操縱大案：中科創業

直到今天的中國，股市裡依然出現著明顯的價格操縱者的身影。人們也在報端議論著：如何界定「莊家」、如何界定「價格操縱」？與此同時，一些惡性的價格操縱案例也落入了人們的眼裡。

中科創業曾被稱為不跌的股票，在崩盤之前是市場上有名的莊股（很大比例的流通股票集中在少數人手中，這種股票即被稱為「莊股」）。1998年10月27日除權後股價只有14.57元，2000年2月21日卻達到84元的最高價，在不到一年半的時間裡漲了五倍。

那是一個叫朱煥良的大戶，初中教育程度，曾在部隊當過兵，是中國最早一批股民。1993年前就開始給深圳的企業做委託理財，在廣東深圳一帶的炒股圈子裡有相當的知名度，人稱「朱大戶」。1998年中，朱煥良到北京找到呂梁，要求呂對其深套其中的中科創業股票施以援手。據說，朱煥良當時持有「中科創業」近6,000萬流通股，占當時總流通盤的90%以上。

呂梁，原名呂新建，47歲。文化人出身，在中國90年代初所寫一系列關於股市的報導曾引發迴響。中科創業案發之後自陳做莊內幕，被認為是中國證券市場上控制上市公司、操縱二級市場股價、影響輿論三位一體的超級莊家。

　　1998年12月，呂梁和朱煥良簽訂了合作協定，呂梁主要是通過融資將機構或朱煥良鎖倉（買了股票，在一定的期間內不動）的股票買過來，為了維持股價和成交量的假像，倒倉（把一個户頭的股票賣到另一個户頭上）相當頻繁。

　　據操盤手的口供，中科創業倒倉高峰期是在1999年3、4、9月和2000年2月，最高倒倉的比例竟占當日成交量的90%以上，這還僅僅是呂梁一方的對倒（為了某種目的，大量將自己的股票賣給自己）。他說：

　　「在兩個巨大的漲幅中有過自買自賣，1999年8月到2000年春節前盤整期間，集中自買自賣。中科創業股票從20元到40元時，就是我們自己在操盤，從40元到80元，有些人跟著，但跟的不是太多，80元以後，就沒有人跟了，完全是我們自己在操盤。

　　從早晨的開盤價到多少錢盤中倒倉?在哪幾家營業部倒倉多少?都經過設計。為了操作隱蔽，倒倉不能太快，也不能慢，拉升時要注意日漲幅不超過7%～8%，並要維持圖形好看，生怕別人發現，把股票做上去。

如果想讓中科創業派得快，就找一筆融資的錢直接買，股票就直接上去了，上到一定價位我們就開始倒倉。如果融資協定到期，為了償還融資資金需要在新舊開戶的營業部之間倒倉，把老資金接出來。

比如定好價位是30元，操盤手給兩個持有中科創業股票和資金的營業部打電話，數量一樣，價格一樣，一個營業部買，一個營業部賣。我和坐在另一個交易部的操盤手一手拿一個電話，同時對兩邊說，如果5萬股，一方拋，一方買，我就說20元5萬股，雙方營業部立即就知道了，因為接電話的一方有股票，另一方有資金。開始是我和他一人手裡一部電話，我按他說的再和我手裡的電話說一遍，後來就是一個人對著兩部電話下指令。」

在1999年5月19日以後，中科創業漲到40元左右，他們的盈利應當在6億元左右。除去融資的本金利息、印花稅、手續費等開支，實際盈利3億左右。

1999年底至2001年初，中科創業股價在38元～48元之間，春節後隨著大盤的回檔，開始了第二輪大幅拉升，2000年2月21日達到84元的最高價。操盤手回憶說：「當時，億安科技、清華同方的股票漲到100元，呂梁也急著想把中科拉到百元價位，但只漲到84元。」

股價拉高之後，到2000年3月呂梁持有「中科創業」股票

市值翻了一番,淨值增加了10億。

「中科創業」(原代碼0048,升位後為000048,現已更名為「康達爾」)股價在2000年年末時突然暴跌,接連10個跌停,嚴重影響到股票市場的正常秩序。

因有關機構涉嫌操縱中科創業股價,中國證監會在2001年1月進行立案稽查,業內稱為中國證券史上頭號證券大案的「中科創業」操縱股價案件已被法院受理。「中科創業」事件是2001震動中國股票市場的一起證券大案,其案情內幕重重。

經檢察機關初步偵查表明,「中科創業」案件共涉及資金約54億元,股票操縱者呂新建(即「莊家」呂梁)和朱煥良(大戶)經合謀,用一系列手法,通過1500多個股東帳戶,控制了中科創業股票流通盤55.36%倉位,進行股價操縱交易。

中科創業跳水(當日或一段時間的暴跌,形成的弧線很像跳水)的第一天,我所在的大戶室裡一陣唏噓,傳言銀行強令平倉(賣掉股票)收回資金,股價像斷了線的風箏,飄飄而下,接著就是10天跌停,簡直超乎想像。

出事了……

這是中國第一樁價格操縱大案。

● 億安科技

與此同時，另外一椿事件也準備上演跳水奇觀。

億安科技在2000年2月15日衝過百元大關，吸引了上千萬股民的眼睛，因為它的前身「深錦興」不過是一家經營不善、主業不明的公司，其1998年中報公佈的中期虧損為每股0.097元，當天的股價收在了6.39元；之後股價連連下跌，到9月2日跌到了5.71元。至10月初，也不過站在8元左右。

麻雀如何變成鳳凰？

1998年，羅成執掌的億安集團想向「深錦興」買殼上市，開始與其第一大股東深圳商貿投資控股公司談判。12月，億安集團向深圳商貿交納了500萬元訂金；至1999年春節前，億安集團又交了另外的2,500萬訂金。談判的雙方都很清楚，事情發展到這個時候已經算是定下來了。

與此同步，深錦興股價也有了顯著的回應。因為這時有四個持鉅資的莊家正潛入其中，它們是廣東欣盛投資、中百投資、百源投資和金易投資。從1998年10月5日起，他們利用627個個人股票帳戶及3個法人股票帳戶，大量買入億安科技之前身「深錦興」的股票，四公司其時據稱共持公司股票53萬股，占流通股的1.52%。

1999年1月18日，仍然被深圳商貿投資控股公司控制的深

錦興董事會發佈提示性公告，公司1998會計年度將出現較大
虧損。當天深錦興跳低5%開盤，但收盤卻以漲停板9.82元報
收，成交也放大到240.78萬股。1月20日，深錦興再次拉出漲
停板，收在10.81元。2月9日，春節前的最後交易日，深錦興
收在13.80元，比1998年10月份的平均股價上漲了75%。

　　深錦興正式公告更換大股東是在5月。但是，早在億安科
技出場之前，深錦興早已開始了它的「K線狂奔」，從10元開
始，11元、12元、13元、14元、15元……深錦興馬不停蹄地
衝向30元。雖然4月30日公佈1998年年報虧損0.85元的消
息，但市場對於深錦興的信心更加堅定。「5.19行情」（99
年5月19日，大盤暴漲4.64）啟動後，深錦興更是開始了壯闊
的主升浪。

　　與此同時，消息面隨之而來的利多一個接一個，到2002
年2月15日突破百元大關的21個交易日中，僅有2天走出了陰
線，其餘的19個交易日天天一根大陽線。每天的日K線圖更是
走得驚心動魄，45度角直線上拉。而據後來統計，那四大莊
家所持億安科技股票已達3,001萬股，占到了流通股的85%。

　　2000年2月15日，億安科技以104.39元收盤，成為拆細
（每一股拆成更多股。比如一股細拆成10股或100股等等）
以來第一檔的百元大股，隨後曾經到達過令人驚歎的126.31
元。

之後兩年，這四大莊家在人們狂熱的購買之下默默派發，億安科技的股東總數在1999年底只有2,000多人，到2001年初已達萬餘，有8,000多戶股民高位接手被套，最終的凱旋者只有創造高價股的莊家。

　　根據證監會調查所揭示的事實，「到2001年2月5日，上述四家公司控制的627個個人股票帳戶及3個法人股票帳戶共實現盈利4.49億元」，其手中的3,000多萬股票大部分都已經在高位套現，股票餘額僅剩77萬股。

　　其實，市場上一直有億安集團自己操縱億安科技股票的傳聞，羅成本人曾正式向媒體表示過自己對股價不感興趣，而且億安科技在2001年1月的公告也有正式表白：「自1997年以來，本公司從未進行股票投資，未參與二級市場炒作。」在證監會查證莊家操縱案之前，善良的人們當然更願意相信這種說法，就像曾經相信羅成與億安集團真能實現種種承諾，帶領公司在高科技和高利潤的道路上狂奔……

　　然而，當鐵的事實已經證明億安科技近兩年的股價超常異動確定為非法操縱的結果之後，羅成本人及億安科技最終控股股東億安集團的角色就足以讓人產生極大的疑問了。其一，消息面的情況或先或後到達，正與莊家操縱股價變動的節拍完全一致。既然莊家不可能真的是先知先覺，公司又該

如何來解釋公佈的消息總在應合莊家？

經查證，在億安科技的四莊家中，三家公司的法人代表由兩名羅姓人士擔任，均與億安科技董事長羅成有密切關係。一是羅中民，欣盛投資和中百投資的法人代表，也是羅成的司機；另一人是羅冬梅，百源投資的法人代表，正是羅成的侄女。

真相近在咫尺……億安科技百元股的神話本身，並不是市場對於某家公司或是對於科技股過度憧憬之後的超常定價，完全是莊家有意操縱。四家公司對股票的操縱，還包括「通過其控制的不同股票帳戶，以自己為交易物件，進行不轉移所有權的自買自賣，影響證券交易價格和交易量」。

2001年4月，中國證監會作出決定，對這四家公司作出重罰，沒收4.5億非法贏利，罰款4.5億……後來，據傳聞，4.5億的非法贏利早被轉移，至於罰款，對於幾家註冊資金不過百萬的有限公司更難落實。

但是，從事發到決定處罰已經表現出管理層反對價格操縱的迅速和決心。為了防止價格操縱，管理層也增加了許多揭露辦法。例如：連續三天漲停或跌停的話，公司要做出停牌（由於某種原因當天或一段時間停止交易）公告——這是讓人們在極端的情緒中保持冷靜。再例如：每日漲幅超過7%的股票要公告其成交主要分佈的營業部名稱及數量——這是

讓人們看清楚交易的內情，把握到一些價格操縱的線索，也是警告那些價格操縱者，他們的行為暴露在公眾眼中，不能太過分。

三、造假圈（騙）錢

人們為了一個有可能獲利的專案集資入股，一旦專案產生了效應，每個人根據當初入股的數量取得利潤。這種方法是十分自然的經濟產物。在中國南方沿海地區，親戚朋友合股一同做一個專案是很普遍的，這個專案賠了，大家都賠，這個專案獲利了，大家都獲利。其中，誰來主導專案的開展，誰來主導財務，如何讓大家知道專案進展，如何讓財務公開透明，最後如何結束，都有條不紊。這就是真正的股份公司的雛形。

當股市成為融資場所以後，大家可以不需要相互之間的認識和信任，即可有很多選擇，可以參股這一家公司也可以參股那一家公司，慢慢遠離了把錢交給的那家公司，不再那麼瞭解公司經理是誰，不再那麼瞭解公司的財務和業務。使得一些公司發現這簡直是世界上最好的圈（騙）錢的地方，只要編一些生動的故事，讓人們看好，眾多不瞭解真相的人們就把錢集中於股份公司手中。而股份公司在做什麼、做得怎麼樣、錢怎麼花的都不知道。

沒有經歷認識進而信任的這種股份制公司，必然會拉開小股東們和公司的距離。而這一切正好給了一些別有用心的人可以鑽：只要把假造得惟妙惟肖，就能夠圈到夢寐以求的鉅資。圈到鉅資以後，再繼續編造美麗的謊言和報表，以期求再一次圈錢。

● **美國的圈（騙）錢事件--巴爾**

　　在200年前的美國，就有人利用建立股份公司並美化了的專案創辦銀行，再通過銀行把人們的錢圈走的事例。

　　當時的紐約還沒有自來水，市民們大都掘井打水，因為城市的擴大和經濟的發展，井水已受污染，而且井水也早已不能滿足市民的日常需要。富人們可以掏錢購買外面運進來的飲用水，一般市民哪有這個能力？因而，巴爾此時提出組建一個飲用水公司的方案，這可謂抓住了社會共同的需求並反映了民心。1796年市議會便批准巴爾組建一個自來水公司。

　　巴爾一拿到特許，立即與公司章程起草委員會緊鑼密鼓地製作了一個堪稱傑作的章程。一方面，這個章程開宗明義地宣佈公司的目的是向紐約市民提供潔淨的飲用水；另一方面，該章程又說公司可以把盈利所得用於投資有利於公司發

段展的事業。不言而喻，巴爾最初的組建銀行之類的企業行為也可以據此冠冕堂皇地付諸實施。

巴爾的用心被包裹在崇高的公益事業的外套之中，以致那些平時眼光銳利的政治家沒有一個洞察到其醉翁之意。於是，組建這個飲用水公司的法案得以通過。

飲用水公司正事沒幹，甚至連一根水管也還沒有鋪設，巴爾便開始張羅著籌備銀行了，反正公司的章程寫得明明白白，開辦銀行也是師出有名。幾個月之後，巴爾的銀行就神速地誕生了。

巴爾的確一切如意，那家銀行簡直成了他的私人銀行，銀行的錢也就是他的錢，得來全不費功夫。不出3年，他一共就從銀行輕而易舉地拿走了7萬美元。

為了遮人耳目，該公司後來也不得不幹些正事。他們用裡外刷過一層瀝青的木制管子鋪設了25英里長的水管，大約為千戶紐約居民提供了飲用水，但所提供的水質與當初信誓旦旦的「高品質的純淨水」相差甚遠。

公司的主要注意力是銀行而不是水，只要機會允許，他們隨時準備甩掉這個累贅。果然，到了19世紀40年代，紐約市政府興建了正正經經的自來水廠，清潔的高品質飲用水從克勞頓河引人紐約，以前那個掛羊頭賣狗肉的水廠便壽終正寢了。

● 中國農業第一股：藍田股份事件

卑鄙是卑鄙者的通行證，而歷史終於會重複。

在股票市場成立的初期階段，任何市場都免不了出現造假圈錢的案子，中國也不例外。

藍田股份，1996年上市之時被譽為「中國農業第一股」，五年來的財務報表顯示出持續的業績高增長，歷年年報的業績都在0.60元/股以上，最高時更是達到1.15元/股，即使在1998年遭遇了極大的洪災，位於湖北洪湖的生產基地正是重災區，每股盈利也還達到了不可思議的0.81元。

藍田上市所募集的2.4億元資金全部投向了位於湖北洪湖及其周邊地市的業務。1997年，藍田股份再度以配股形式募集1.2億元資金，據稱同樣將資金投在了湖北的農業專案上。

藍田一路留下許多「動人」的故事，為眾多的股民展示了一個絕美的「傳奇」，讓人心嚮往之。

（1）故事一：白撿的「第一桶金」

洪湖盛產一種淡水龍蝦，當地人不吃，藍田以極低價格收購。每六斤活蝦出一斤冰蝦仁，冰蝦仁出口價為20元/斤。而整個成本僅靠蝦殼等副產品加工後的飼料銷售收入就可全

部抵消，20元是純利。

（2）故事二：一隻鴨子＝兩台彩電

藍田所產的鴨子品種為「青殼一號」，只需散養在洪湖裡，吃小魚和草根，而且一隻鴨子一年產蛋高達300多個（比普通鴨子高出一倍以上）。同時鴨蛋個大味美，價格奇高（有報導稱每只鴨蛋的平均純利為0.4元）。原公司董事長瞿兆玉曾驕傲地說，藍田「一隻鴨子一年的利潤相當於生產兩台彩色電視」。

（3）故事三：畝產3萬元

藍田股份與中科院水生物科學研究所共建的農業產業化科技示範基地，通過對漁場的改造，將傳統單一的粗放養殖變為新品種的立體養殖，「水面有鴨，水裡有魚，水下有藕」，形成一條自給自足的生物鏈。據稱，一畝水面一年的產值可以達到3萬元。

諸如此類的故事在藍田還有很多。可以說，農業行業的許多「新概念」都被藍田發揮到了極致。簡而言之，超低的成本加極高的產出，就是藍田成功的祕訣。

在我的周圍，就有朋友被故事深深迷住，投入資金並

加以耐心等待，我甚至也受到感染，買入一些來憧憬它的未來，直到藍田的業績神話遭到質疑：

首先，藍田股份2001年中報顯示，截至當年上半年，公司未分配利潤高達1.4億元。但也正是在公司「業績增長」最快的近三年間，藍田股份卻勒緊錢包，只在2001年6月進行過一次每10股派1.6元的分紅。

錢究竟到哪裡去了？

2001年8月，在投資者的紛紛質疑下，藍田股份發佈「中期報告補充說明」並指出，「11.4億元的未分配利潤大部分已轉為在建工程和固定資產」。

在藍田股份業績飛速增長的同時，公司的固定資產以更快的速度增加，從1998年至2000年藍田股份增長最快的三年來看，其固定資產淨額分別增長356.65%、274.85%和54.57%。藍田股份2000年年報顯示，截至2000年底，公司固定資產合計達到21.69億元，占公司總資產的76.43%。

藍田股份每年十幾億元的收入大多化為固定資產。如果這是真的，這至少也是不正常的現象。與工業企業不同，

農業企業對廠房和設備的要求與依賴程度相對較低。而從藍田股份兩次募集資金所投入的專案來看，諸如「菜籃子工程」、「中華鱉養殖基地」、「畜禽繁養基地」和「對野藕汁生產線的改擴建」等，都屬於農產品的生產和加工專案。

藍田股份財務報告的一個與眾不同之處是應收帳款奇低。公司2000年的主營業務收入為18.4億元，但當期的應收帳款卻只有區區857.2萬元。藍田股份對此的解釋頗具「地方特色」：由於公司基地地處瞿家灣，「占公司產品70%的水產品在養殖基地現場成交」。其中上門提貨的客戶主要是個體戶，而「當地銀行沒有開通全國聯行業務」，銀行電匯和銀行匯票結算要「繞道70公里到洪湖市」，而通過銀行專郵到公司在瞿家灣的開戶行，時間需要三至七天，因此「錢貨兩清」成為慣例。「藍田股份最多時一天的現金流量高達近千萬元」。

實際的情形是，雖然水產品的銷售方式會因地域不同各有差異，但通過代理中間商銷售是一個不可少的途徑，與個體魚販直接「一對一」的銷售不可能成為主要方式，尤其在水產品交易量如此之大的藍田股份。即使公司一天24小時不間斷地賣魚，也難以完成那麼多宗小額交易。

但讓人仍不免感到蹊蹺的是，一個現金流量如此豐富的
地區，除了一個小小的農業銀行儲蓄所外，竟然沒有其他任
何一家銀行在此駐足。

此外，藍田股份最大的全資子公司「湖北洪湖藍田水產
品開發有限公司」有著「傳奇般」的成長經歷。正如長期擔
任公司董事長和總經理的瞿兆玉所言，洪湖水產是藍田股
份的「第一主力部隊」。自上市起，藍田股份連年翻番的利
潤幾乎全部來自洪湖水產。據瞿兆玉介紹，洪湖水產成立當
年就盈利267萬元，1994年飛升至1,810萬元，1995年則達到
2,178萬元。

在公司上市後一如既往地為上市公司「創造」更多的
利潤。藍田股份發佈2000年度報告後一個月，公司發佈了
「2000年度報告補充公告」。公告顯示，洪湖水產自1996年
到1999年四年間累計實現利潤10.37億元（藍田股份同期累計
淨利潤10.76億元），利潤增長分別達到225%、841%、161
%和12.9%。

補充公告同時顯示，洪湖水產創造的所有利潤在與母公
司藍田股份合併報表後又以「內部往來處理」的方式回到了
自己的口袋裡。截至2000年底，在未合併的財務報表中，母
公司藍田股份的應收帳款為16.44億元，而對洪湖水產的應收

帳款高達16.27億元。這其中除了洪湖水產累計實現的10億多利潤，還包括母公司借給洪湖水產的流動資金5.4億元。

　　疑點還遠不止於此。值得關注的是所有疑點都歸於一個共同的結果：藍田的鉅額收入從會計角度無法最終確認，藍田的業績真假無從辨別。

　　農業類上市公司的資產折舊沒有一個固定標準，而且根本無法盤點。比如在湖裡打了幾根樁，魚池裡到底還有多少只甲魚，會計師是無法審計的。因此，有人開玩笑地說，「除非你能把魚塘裡所有的魚和藕都撈上來核實它的資產，否則，藍田的真實資產永遠都會是一個謎。」

　　「錢貨兩清」的交易方式由於缺少交易憑證而難以確認其真實性。藍田股份與子公司之間真正的資金往來關係難以理清。藍田的財務疑點重重愈來愈多，後來一位中央財經大學研究員提出猜測：過去幾年間賴以支撐著藍田的，不是所謂的高增長，而是銀行信貸資金。他分析除此之外，實在找不到藍田股份資產膨脹的理由！

　　在專業的人士質疑之後，藍田股份成為最受證券監管部門關注的上市公司之一。

　　1999年10月15日，中國證監會宣佈，已查出藍田股份在股票發行申報中，偽造瀋陽市土地管理局批復檔和土地證以

及瀋陽市人民政府地價核准批復，虛增無形資產1,100萬元；偽造銀行對帳單，虛增銀行存款2,770萬元；將公司上市前的總股本由8,370萬股改為6,696萬股。從1999年到2001的三年間，藍田股份三度申請配股，均未通過中國證監會的審查。

按照藍田股份2001年中報，流動資金借款已增加近2億元，對銀行信貸資金的高度依賴已無法掩飾。到這時，藍田的故事才在人們的醒悟下告一段落。

藍田的美麗動人的故事感動過我。藍田的高高的股價我買過，在慘遭下跌的情況壯烈出局，雖然只有區區幾千股，而心中的憤恨依舊，受騙的感覺時常湧向心頭。

當我帶著4歲的孩子走在商店裡，孩子驚呼：「媽媽快看，好美好美的花呀！」我看了看說：「太好看的花八成是假的。」

太好聽的故事，只能聽聽，我們為美麗的故事付出太多的代價。

為什麼有人費力編故事，如果為了圈走2.4億元，就不值得奇怪；為什麼要繼續編美麗的故事，如果為了再圈1.2億元，那就更不奇怪了。從投資者、從銀行圈錢，沒有真實的業績，只能靠編造故事。

中國特有的股市問題

就我的觀察，中國股市裡特有的問題就是——存在不能流通的國有股、法人股。

因為是不能流通的股，所以又產生了諸多問題：全流通問題、國有股減持問題、法人股轉讓問題等等。

發達國家的股市，崇尚「同股同權」，也包括流通權。個人與國家持股都是可以流通的。這樣股市的交易既方便投資人選擇買賣，又體現公平的原則。

而中國的現狀是有三分之二的股票不流通，只有三分之一的股票在市場上流通。人為造成了流通股與不流通股的差異，使得不流通股的股東無法在市場上正常交易自己的股票，而這也是流通股股東感到諸多不公平的地方。

從發行上看，流通股股東總要多花幾倍的價錢才能享有同樣的分紅權，並且在價值的獲得上也同樣不公平，以下面的例子來看就很清楚了：

股民購買一支股票均價9元，上市公司發行股票後每股淨資產只有3元，而國有股在沒有發行前淨資產為1元，發行流通股，取得流通股股東用9元買股票的股金後，淨資產上升到了3元。仔細看雙方：非流通股股東變相侵吞了流通股股東的資產。

	成本	公司淨資產	實際增值
國有股	1元	3元	200%
公眾流通股	9元	3元	−66.7%

不能全流通就不能國際化、市場化，這是多年以來最棘手的問題。而這個問題已經升級為亟待解決的問題，問題是雙方都在爭取有利的結果。

一方是國家，希望國有股流通的價格越高越好。

另一方是流通股股東，認為國有股高價流通損害了自己的利益，是十分不公平的。

雙方爭論的結果是，流通的政策遲遲不能出臺（推出檯面），而一旦傳聞流通事宜，市場就恐慌性下跌——流通股股東處於無法左右政策的地位，是弱勢群體，只能逢到重大事件就暫時先躲避。

而最近的一次熊市的直接原因就是國有股減持的問題。幸好使市場受打擊的方案停止實行，在國有股減持方案叫停以後，政府、媒體、諮詢機構等有關部門向社會廣泛的尋求減持意見，幾千種方案通過信件、網路匯總在一起。我十分讚歎這樣的民主做法，慶幸自己生活的時代由於網路、電信的發達，加快一切變得更公開、更透明，表達主張和聽取意見變得更快捷。

在「應當公平」、「希望解決歷史遺留問題」達成了廣泛的共識。當問題得到了足夠的重視也就離解決問題的日子不遠了。

我們可以期待下一個轉捩點：這個特有問題的解決。

有關外資與國有股

無疑的，中國股市還是個不甚成熟的市場，如果我們把存在2/3不流通的國有股、外資（QFII）的問題一塊兒聯想起來，就會發現「漏洞」還滿多的，一方面國有股不流通並不意謂著不能買賣，就看找不找著到門路。在國有轉企業化的過程中，出現國有企業主事者荒腔走板、賤賣家產的情形不是沒有；再者，目前中國對股份制的相關法令還不完善，使得一些專門套利的國際游資有機可乘。

中國目前的股市流通市值只有11,000億人民幣左右，如果給我100億美金（800億人民幣），再給我三個月的時間，要讓股市上下震盪50％以上，絕對不成問題。無庸置疑的，這是暴利，我都做得到，更別說對中國股市感興趣的資金遠遠不止這些。那些擁有資金和操作經驗的財團或基金目前只是受制於「資金進出要審批」、「遊戲規則的不確定性」。

然而，不管中國的股市制度如何不成熟、資金進入中國

股市如何的承擔風險，都擋不住中國經濟的快速發展，當然也擋不住外資對中國的興趣。而就我的觀察，國際游資在中國股市出沒，使股市動盪也是要分兩面看，一方面是加劇了市場風險，另一方面，這種情況會加速敦促中國政府健全制度以保護本國投資人的權益。這十年來，我見過股市一次又一次的衝擊與挑戰，不管是來自中國本土的還是國際間的，但可以肯定的是，每一次遇到問題總會一邊付出代價一邊把股市帶進另一個更健全的發展方向。

這是不得不的趨勢！

不管中國政府喜不喜歡，也一定要加速健全股市，其實，股市跟中國的目前現況差不多，都處在「樹欲靜而風不止」的國際環境中。

第三章

105元月薪到千萬資產之路

我捧著漁簍，慢慢清點著自己十年的收益，

我是多麼慶幸啊！

我的收益大大超出我十年前的預料⋯⋯

我曾經與一位司機朋友聊股市。

　　司機朋友說：股市有風險。聽說會賠，還會賠得很慘！

　　我告訴他：的確，股市有風險。不僅很多人賠過，我也賠過，一些世界著名的投資家和投機家也都有賠錢的經歷。

　　司機朋友說：股市的風險真大！

　　我玩笑地對他說：我不會開車，我覺得開車是風險最大的事情。你看，街上到處是人，到處是自行車，擁擠在左右前後，風險多大呀！你不覺得嗎？

　　司機朋友說：你熟練了就好了，再加上遵守交通規則，不酒後開車，不闖紅燈，不亂轉彎，不鬥氣……基本上沒有什麼風險。

　　我說：其實，股市也一樣。你熟練了就好了，再加上遵守投資規則，不衝動，不僥倖……基本上也沒有什麼風險。

　　熟悉，首先是熟悉！古人云：不熟不做。

　　或許我們可以不熟悉開車，不熟悉修馬桶，不熟悉……但是，我們最好不要不熟悉現在的投資理財的手段，因為，這關係到我們財富的增長，誰都不願意比別人更窮。

跳出囚籠，初嚐賺股票快錢滋味

當我拿到大學錄取通知書時，我想我離我的夢想越來越近了。畢業後，費盡周折才找到一家局級的黨校，當了一名教師。

教師本來不坐班，但局級公司的黨校是要求坐班的。在沒有課的日子裡，我每天要8：30趕到學校，然後看報紙或聊天，幹什麼都行，但是要堅持到下午5：00。這是我最不能忍受的「消磨」。我無數次在走廊裡走來走去，路過廁所，教師辦公室，主任辦公室，校長辦公室，像隻不安的小鳥，這一切我又不願捨棄，就像小鳥在籠子裡，籠子的門打開著，卻不敢飛出去。這一切為了什麼——錢！能養活自己的這105元的工資。

我整天都在想，我得幹點什麼事，一定得做點什麼事。

記得有一天，小小的單位裡一陣騷動。我好奇地去看。原來是為分房的事情，一位老職工和校長大打出手。房子有限，能夠得上資格的人要按分排隊等。等到頭髮都白了，這位老職工感覺這房子怎麼也該輪上自己了，可又落了空。

我默默地聽著這些事情，感受頗深——生活實在是不容易呀。為了生存不停地奔波，而這一切才剛剛開始。

我看過一個報導，有一個家裡比較困難的司機，在學校開完會後，把那些殘羹剩飯拿回家給孩子吃，孩子吃後，高燒不止……

唉！我從來沒有感覺到沒有錢是這樣的不幸。

什麼理想，什麼夢……我想我應該先有錢。

我向同屋的趙司說：「我將來要掙100萬。」

和所有戀愛中的女人一樣，總是憧憬著和自己心愛的人有一個美好的未來，有一個溫暖的家。家，成了我們最奢侈的夢想。

我們開始籌劃可以增多收入的計劃。這是一個很現實很殘酷一點也不浪漫的話題。

開始我們給一個書商寫書。每一本書大約能有一千多元的收入，這相當於我當時1年的收入。看上去很美，我們倆為了夢想中的家，在一年多的時間裡寫了六本書，但此時的我心中再也沒有作家的感覺，每天都在為別人的選題蒐集資料，編輯，整理，我也想過自己出一本文集，但被幾千元的書號費和包銷費嚇退了。

令人氣憤的是，我們辛苦的結晶——那六部稿子，到今天為止我們還沒有拿回我們應得的稿費。剛畢業的學生面子薄得很，別人一拒絕就臉紅，像做了虧心事似的。後來，欠我們錢的那個書商，因為意外而去世了，所有的事情也就不了了之了。

這是社會給我上的殘酷的一課。

那一年，北京的冬天似乎來得特別的早。三環路正在修

建，推土機隆隆地響，寒冷的風捲著漫天的塵土在這個城市上空呼嘯。在夜幕下，我們推著自行車默默地走在路上，滿腹辛酸……

然而，機會總在不經意間來到，在這種對錢無比渴望，四處奔波又無望的時候，生活向我開啟了另一扇門。有一天，同事廣軍老師跟我聊起「股票」，我第一次知道了「股票」這個概念，也在我近乎疲憊的心裡注入了新的活力。

當時我心裡一直在嘀咕——這不是資本主義社會的產物嗎？

最有意思的是，在我從事證券工作後，母親總是儘量避免告訴她的同事我是做股票的，生怕周圍的人有不同看法，這種擔憂持續了幾年，直到她的同事都開始炒股。從事證券行業10年的郝先生說：我爸爸到現在還認為做股票是「投機倒把」（就是抓住機會，便宜買進物品並在很短的時間賣出。在70～80年代，這是一個貶義詞，意思類似「不勞而獲」）呢！

那是在1993年。一個改革開放初見成效，所有人都在討論「下海」（辭去公職去做生意）的年月，人們的思想介乎保守和開放之間。我很快找到了「股票」在中國存在的理論依據，社會主義和資本主義在本質上不同，但是為發展經濟，社會主義也可以吸取資本主義好的辦法——這就是「拿

來主義」（就是把先進的理念與方法從別人那裡學習來，為自己所用）！

　　我決定去試一試。後來聽說廣軍老師開了個證券帳戶，我們就更加感興趣了。當時是1993年，股市處於牛市中。我和先生從家裡拿了2,000元，委託廣軍老師在他的帳戶上幫我們操作，很快我們便有了幾百元收益。記得當時買的是「愛使」，23元多買，28元多賣，經歷兩次都很成功。在我第一次從股市拿到我投資的所得時，我天真地認為炒股票是一種又簡單又便捷的賺錢方法……

　　嘗到甜頭的我決定親自去試一下！

正式領略股市的暴利與風險

　　如果你喜歡他，你就帶他去股市，因為那裡是天堂。
　　如果你厭惡他，你就帶他去股市，因為那裡是地獄。

　　年輕的我，不知道這條河有多深，就這樣毫不猶豫勇敢地跳了下去，當時我所知道的北京的交易所只有三家，我向我母親借了3萬元在離家最近的交易所開了戶。我清楚地記得當時的情形：

位於燈市口的中創營業部擠滿了人。櫃檯裡只有3個交易員，櫃檯外總排著10人左右的隊伍，大家拿著單子在等待，交易廳南面的牆上是一塊大的螢幕，不斷滾動股票的價位，我要等上兩分鐘才可以再看見自己的股票的價位。

　　螢幕前沒有椅子，許多人自己帶了馬紮（一種比較小的椅子），一坐一天。有時，交易廳的人實在太多了，營業部把大螢幕搬到大街上，大街上人頭攢動，堪稱一景。

　　我在離家最近的交易所開了戶，開始了我的投資生涯。那時的股票交易所沒有幾台電腦，所有的買賣都需要排隊、填單子、交單子。我每天都興奮地奔跑在學校和交易所之間，我開始留心關於股票的所有細節，我投入了所有的熱情，夢想著有一天自己能夠滿載而歸。

　　開戶以後買什麼呢？我們處於一種茫然狀態，這一點和多數剛入市的股民一樣。

　　我很快決定買「三愛富」。我們當時也不會分析，不懂研究，只是感覺它價格低，還有就是三個字的股票少、好記。這一點也和大多數的新手一樣——愛買便宜的股票、愛買聽著好記或者數位吉利的股票。

　　接著，我們又買了愛使、申華並成功地拋出，尤其是申華，有一天，我買了三手（100股為一手），29元，只過了

幾天就漲到了70多元，第二天我興沖沖地去拋，只拋在了44元。

有一天我買的申華股票漲得很凶，我決定把它賣了，這樣我能贏利1萬多元。於是在下完課後，我尋找一切可以溜出去的機會，但是那些日子單位紀律很嚴。同事們和往常一樣，習慣了似的在座位上看報紙，我卻恨不得馬上衝出去。那種心急的感覺是從來沒有過的。

等單位的領導不注意時我狂奔到股市，股票的價格已經開始下跌了，我把它全部拋了，贏利了3,000多元。

這是我有生以來第一次在這麼短的時間內掙到3,000元，相當於我兩三年的工資。我越發覺得上班變得沒有意義。

我交易的證券所在燈市口，旁邊有一個肯德基。那天下午，我拿著自己所謂的「第一桶金」，在肯德基裡大吃了一頓，並開始幻想：如果我每個月都能夠掙到這麼多錢，每天都能在這裡心安理得地吃肯德基，哪還要那份不討好的工作幹什麼，這樣我就能有更多的錢，買所有我喜歡而以前根本不敢想像的東西，比如房子。

錢，它真的是一個好東西。它能讓你的思想有寄託，讓你的夢想成為可能。

被成功和喜悅衝昏頭腦的我，當時根本不知道什麼叫風險，什麼叫小心。

我接著開始醞釀我的幸福生活。

到了1993年底，我的贏利已經超出了1萬元。當時我的工資只有150元，我感覺到了巨大成功的喜悅，我對自己說：當我贏利到了10萬元我就辭去工作，自己掙錢。但是好景不長，1994年初股市就開始暴跌，當我的市值接近3萬元時，我們被嚇出了股市——原來股市風險很大，於是我把股票清空，僅有100多元贏利，把三萬元本金還給我媽。

這次教訓可謂深刻。如果當時我們入市的時候沒有趕上牛市，而是趕上1994年初的暴跌，那3萬元可能會損失掉幾千元，那麼我可能會唾棄、怨恨這個市場，我的路可能不會伸向證券市場，也不會走到現在。回想起來，這也許是老天爺的垂愛：讓我贏了利才讓我再輸回去，在經濟和精神上均沒有受到致命的傷害，並且讓我領略了股市的風采——暴利及風險。

放棄鐵飯碗，投身證券業

1994年夏天，一個偶然的機會，好友壽哥和韓姊來家做客，談到他們成立了證券公司，正缺人手。我媽詢問是否可以讓我到他們那兒上班，因為我做過一些股票，對股票自然不陌生。當時他們立刻同意讓我當業務員。工資800。做得好有獎金，獎金也800。

於是，在很短的時間裡，我扔掉了鐵飯碗，開始走進了證券這一行業。

很快，我發現這是我喜歡的工作。因為它極其忙碌。早晨我早早來到辦公室，閱讀有關的報紙資訊，早上9：30開盤，我就成為忙碌的交易員，為大客戶報單，直到下午3：00收盤，收盤之後，要整理今天所有的交易及交易收費，並做詳細的會計帳。每天都要工作到晚上六點多。

那年法人股市場機會很多。1994年下半年深滬股市也有一輪大的反彈。

當時我們的公司節節勝利，在法人股市場贏利後，又在300多點殺向滬市，抄到了一個歷史大底，最多的一天曾為公司帳面贏利50%。

這市場使我著迷。

讓我怎麼形容這股市呢——股市像水，深不可測，裡面游來游去的都是魚。

怎麼形容我的選擇呢——我開始樂於做一個漁者，雖然從水中為別人撈著魚。

這市場使我著迷——為公司日進斗金使我躊躇滿志，意氣風發。

1994年底，我兼職另一家大公司。我的工作範圍就縮小到了國債、股票交易的決策上，不再忙碌的操盤和做帳。這

加重了我的工作任務，也使我的努力方向有所改變——即要對證券的買賣差價做無止境的研究。

很快我為這家公司贏利20萬元。在1994年元旦，這家公司發給了我1,000毫升的食用油和雞蛋。

接著，另一家公司邀請我加盟，我當時很自然的向對方提出住房的要求，他們毫不猶豫地答應了。於是我像上了弦的機器開始為他們工作。

僅在95年1月份我就為公司贏利百萬元，公司領導為此獎勵我一台漢顯BP機（移動傳呼機，可以顯示漢字），這在當時是十分緊俏（供不應求，不易買到）的，接著又為我買了一台手機，時價1萬6千元。但是由於公司是國營單位，獎勵房子的事總不再提，後來才知道這事可能是更上一級領導那裡不批准。

此後，我為另一家公司工作。幾個月以後，公司在董事會上宣佈了我的業績，因為為公司帶來了可觀的利益，決定獎勵我一套高級小區內的一居室住宅。

副總用賓士載著我去看房，鑰匙就在桌上，我猶豫了。

房子美極了。這是我為別人撈到魚所得到的獎賞。

但有了房子我自己並沒有能力完成配套的裝修，連交納物業管理費也成了我的難題。

我希望領導能把房子折成獎金。我希望得到的獎賞是魚

缸和魚餌，然後自立門戶為自己捕魚。幾經周折，我贏得了最初的一桶金，我用這些錢在證券公司開戶，開始做股票。

成為大戶，曾獲利900%

1995年，我正式辭去了所有的工作，專心從事證券投資理財的研究和實踐。在大戶室度過8年時間。

再次踏入股市，心情不像1993年那麼迷茫，畢竟在股市內外走過一遭。走入華夏證券開戶，記得那天交易大廳裡極為冷清，我走向開戶櫃檯，櫃檯外一個人也沒有，坐在裡面的工作人員好像是在專門等我一樣，一切辦理的十分順利。

當時大戶只要10萬元，過去不止一次夢想著能在這裡開戶，夢想著成為大戶。大戶不必站著看盤，擠著排隊遞單。

這夢終於成為了現實。

他們給我安排了座位，座位上有看盤專用的電腦，營業部的交易員在大戶室中央有個櫃檯，我們仍需遞單，但已告別了擁擠不堪。我終於可以坐到一個正規的釣魚臺上。

我環顧四周，地方不算很大，人也很少，我謹慎地開始了投資股票的事業。但一開始絕沒有什麼轟轟烈烈，市場清淡得讓人沒有情緒，深滬的成交量每天只有幾億元。而我此時入市，手中的資金也異常謹慎。半年中，只投資了10%於個別股，其餘都委託做成國債回購，當時國債回購利率很

高，差不多都高於10%。

在如此清淡的市場入市的人極少，而我正好在這時辭去了工作，湊到了錢開戶，我並沒有預感到股市將會在半年後波瀾壯闊地走開，我只是正好開了戶，看起來像個有備而來的「大師」，選擇了極佳的入市時機。其實，我沒有任何的分析和準備，這也正是我總認為這是老天爺給我又一次機會的原因。如同一個漁者第一次下網就趕上了魚群游來，我沒花費多少力氣就獲得魚蝦滿倉。

96年我趕上了牛市，當時抓了大牛股深發展和長虹，但只有小半倉（只用了不超過50%的資金買股票，就是買了小半倉。如果把資金全部買進，就是滿倉）。因為我根本不相信也不敢想會有這麼大的牛市行情。整年做得比較保守，只是持半倉操作，到年底獲利達150%左右，但12月16日一篇不利股市的報紙社論，讓股市連續跌停3天，到12月底，統計只贏利93%。

只有我自己最清楚，當時我持股的那一半倉位，獲利達近300%，而我持股中深發展的部分，獲利達900%。

我不斷地反思，在牛市之初，倉位及持股品種成為影響利潤的最大原因。當魚群來的時候，要把所有的魚餌都撒下，把所有的魚鉤、魚網全用上才能實現最大的收穫。

股市漲跌的轉變與體會

久了，我開始習慣股市的生活，每天9：00來到證券部，看三大報紙（指：中國證券報、上海證券報、證券時報），當時樓下的報攤每天為我準備好報紙，我交了錢就拿上來看，以至於成了唯一的固定客戶。每天9：30看盤，3：00以後就回家做飯吃飯，同時上網看看股市資訊，做一做分析。每天如此。99年搬家時，我把這些年的三大報刊整理出來賣掉，發現這些報紙累積起來有一人之高。還有從93年開始，我每週六必購買《證券市場週刊》兩本，詳細閱讀週刊成為週六必做的事，一直持續到了今天。

97年上半年暴漲下半年下跌，年終我贏利超過26％。1998年，是不樂觀的一年，這一年裡多數人有20％左右的虧損，那一年，由於我對1997下半年下跌後，心裡不敢對1998年有太大的期望，減倉至10％左右，其餘的錢做回購利率。這時，一個曾經共事過的玉偉姊向我提到新股申購的收益率不低，我立即注意到這一問題，並把80％的資金用於反覆的新股申購，在這一年裡取得了22％的總收益。而在98年我終於選定了我們的房子，交付首期，我是扣除這項支出後結算收益的，如除去此項，實際股收益要高過22％，這是我最成功的一年。

因為：那一年是熊市，能在熊市裡贏利是我現在以至未

來所追求的。巴菲特曾經說過，在股市中要做到兩條：一是在股市中不能虧損，二是永遠記住第一條。

在現在看來，在熊市中不虧損更勝於在牛市中贏利。這是我十年來的一個體會。

而在2001年的熊市中，我的戰績卻不如這一年。雖然這一年我的倉位也是很滿，當時堅持1/3基金，1/3股票，1/3現金，但下跌幅度之大，時間之久，也使我實現了14%的虧損。2002年全年，又實現了4%的虧損，這兩年的虧損對我來說是職業生涯的重大打擊，因為從95年以來至2000年連續六年持續贏利，並且這六年贏利的比率不亞于股神巴菲特的年贏利紀錄，而走向「理財大師」的夢在這兩年內受到了沈重打擊。

許多朋友客觀地指出我的虧損已經算較輕的了。因為這兩年股市下降的幅度最高達40%，且有稅費消耗和其他成本，多數人的市值應下跌超過50%。

但是，我還是認為沒有積極迴避2001、2002年風險仍然應該算是個錯誤。在沒有魚群的季節裡撒餌，只是損耗，沒有收獲。

損失給人的教訓總是加深數倍的，切膚之痛帶給我對熊市的操作，觀念有了徹底的轉變，在倉位的調整上有了更具體的紀律。

第四章

股票，讓我看見了投資與生活智慧

在我抱著第一條魚吃的時候，

既享受又擔心——魚吃完了無麼辦？

後來我發現，水中有許許多多的魚，

只是等待我們去捉它。

記得有天剛剛給女兒介紹完錢從股市上投資掙來的。

她又問：「錢能不能老有？」

多麼複雜的問題！

我只能說：「對於有的人來說，會一直擁有！」

她又說：「要是一直擁有，為什麼姥姥說要省錢？」

這讓人如何回答？我告訴她：「姥姥每個月拿退休金，媽媽要用錢去投資，就好像姥姥有一個蓄水的小池子，媽媽有一條河流，你說哪一個的水更多一點呢？」

她說：「河水多，它老是有水流來。」

我說：「姥姥的池子裡的水雖然也不少，但使用了一勺就會少一勺，所以姥姥喜歡省一點用。

她說：「還是媽媽的河流好！」

我說：「河流好是很好，但是有季節的，多雨水的季節水就多，少雨的季節水就少。」

她問：「那為什麼姥姥有池子，媽媽有河流，姥姥為什麼不也有河流呢？」

我說：「姥姥那麼大年紀的人，當時只有池子，到了媽媽這一代人才有了河流，現在的河水還很少，多數人還是喜歡池子。」

也不知道她是懂不懂，但女兒對下面問題的答案還是給了我一些欣慰。

我說：「那你喜歡河流還是喜歡蓄水池子？」

　　她回答：「當然是河流。」

錢是「活」的，處處都有機會

　　在我的22～25歲間，也就是我工作的前三年，我變換過五次工作。而最重要的兩次轉變是：一是對「錢」的更深一層的認識，看到錢貫穿著我們的生活；二是對「錢」的流轉的發現。特別是第二點，也就是對錢的「流轉」的發現幾乎一下子刷新了我的生活主頁，我發現「錢」原本是「活」的才有意義。

　　在我辭去工作以後，自己開始做股票，不再有任何薪水收入時，家裡長輩曾經一度十分擔心。在茶餘飯後總是語重心長地對我說：「就是有金山銀山，坐吃也會山空的！何況咱們也沒有金山銀山。」

　　我當時不知道如何作答，只是表示如果有合適的工作就會考慮，比如說不坐班的教師或者比較自由的編輯等職業。

　　若干年以後，我用我的成績和行動回答了一切：金山銀山放在那裡是死的，一定是會坐吃山空的。但「錢」可以是活的，我就是在小心翼翼的運轉著，這實際也是一種工作！而且它的報酬更為豐厚！

當我發現「錢」是活的的時候，我的心中豁然開朗。一個人的前景是窮還是富，已然不能用現在有多少現金來衡量。現在兩個人的資金相等，不等於將來一樣富有，如若一個人的資金每年增長1％，另一個人的資金每年增長10％，那麼只要幾年的時間就差距很大。再比如甲的財富是乙的10倍，在這個充滿機會的年代，如果乙運轉得很好，資金很快就會超過甲。

我上大學的時候，在父親同學聚會上遇到與我同齡的一個學生，那時我因為出版了一本童話，得到稿費800元，他知道了這件事，就告訴我們他通過關係倒賣（通過難得的機會，把商品低價買過來並立刻高價賣出）過彩電，一筆買賣就是1000台，每台起碼盈利百元。我當時驚訝的樣子現在自己還記得。但十年以後，卻再也沒聽到他成就一番事業的消息了。

還有很多這樣的事例發生在我們身邊。一個知名企業家說當初他在全國企業家頒獎大會上，有幾百個「十分有成績」的企業家與他同台領獎。而只過了十幾年，這些企業家們似乎都銷聲匿跡了，能在報端偶爾提起的只有兩三人。

有人把中國先富起來的人分為三代：

第一代：趕上改革開放的年代，靠承包、下海（辭去公職，去做生意）致富。

第二代：倒賣各種物資，靠倒賣電視、冰箱、鋼鐵、石油、地產致富。

　　第三代：靠知識、科技、金融致富。

　　如果讓我來說第四代靠什麼，我認為靠行業的縱向開拓和公司橫向的管理。

　　誰在行業裡開拓的更深，誰在市場上的佔有率更大，誰就是穩穩當當的贏家。而這裡就涉及到幾個方面的問題：

　　一、企業的擁有者對行業的理解和追求。

　　二、企業的擁有者對企業的管理。

　　而第二條中對企業的管理又可以分為對人、財、物的管理。對人和物的管理多數企業都很重視，但在對財的管理上多數企業只限於使它「安全」、「便利」，並沒有更多思路。

　　管理財務在自己看來是在理財，在他人看來這是企業在進行資本的運作。在我看來，將來的社會，懂得資本運作的企業將激流勇進，走在前列。只要是關於資金投資於金融產品上，無論時間長短，規模大小，我都認為是「理財」。理財是將來「走在財富前列的精英」們必修的一課——你不理財，財不理你。

　　我們就是處於這個時代，並且是時代的開端。錢的「運轉」在經濟領域還沒用那麼暢通。比如：貸款制度還不健

全。如果貸款制度比較普及的話，我的運作資金的效率會更高，錢的運轉規模、內容將更加豐富。

我深切的感覺：在這個時代，去攀比金錢的擁有量毫無意義，去攀比生活上的豪華更加是不可理喻的。在我看來，每一分錢都是「活」的，是可以繼續生「錢」的。因此在生活基本可以的前提下，我不為任何人任何事去鋪張，我認為有錢的快樂就是：一家人沒有為了錢而吵架，不會有想吃什麼東西因為沒有錢買而吃不上的遺憾。

女兒從學校回來，姥姥總是拍著她問：在學校乖不乖？有沒有不聽老師話？

我總是問她：你們班今天誰最有創意，你又發現了什麼？

在心底我希望女兒知道世間的貧窮與富有的競賽，創意就是這個人擁有的速度。有創意應當更加為人們所重視。在心底我是在等待：等待著有一天她能夠告訴我她發現了：原來「錢」是活的。

當我抱著第一條魚吃的時候，既享受又擔心，魚吃完了怎麼辦？後來我發現水中有許許多多的魚，只是等待著我們去捉牠。

富裕不富裕與理財的模式有關

有一個故事説的是夫妻兩人嚮往「富人」的生活，他們用自己的大部分積蓄買了一幢海濱別墅，買了名犬在家，雇了傭人天天打理。

接著，兩個人為了維持這種狀態，不得不加倍地工作，整天奔忙在外，而那海濱之美景也只要那個傭人抱著名犬獨自欣賞。

實際上，他們本來有著比較多的金錢，卻自己製造了一個「貧窮」的模式。也就是大部分的收入用於消耗，而不是用於投資。為了更大的消耗而要求自己有更大的收入，就陷入了「貧窮」的圈套。如果他們明智，應當儘快把這個別墅由「消耗」改變為「投資」。

第一，如能以更高的價格賣出別墅，就是成功的。第二，能以高於存款利息水準出租給他人，也算是一種投資。如此一來，即可扭轉不利的局面，因為模式改變了！變成了積極的「增長」模式，增長的積累結果會是很驚人的！

我也曾經想過投資房屋，想以收取租金的辦法提高投資收益，但計算來計算去，總有幾點使我無法行動：

1、較買賣股票要複雜，事務性環節太多。

2、房子一旦買下，就不太容易變現，這一點不如股票方便。

3、租金收入比較穩定，但這些年的趨勢卻是下降的，長遠上看不如股票的收益率高。如果追求穩定且相當的收益也可以在股市裡做國債。

因此，我選擇的投資還是以股票為主。

很多朋友問我，報紙、營業部（相當於證券公司、號子）只要跟股票買賣有相關的地方不是都寫著：

「投資有風險，入市須謹慎！」

股票的「風險」應該要怎麼看？

巴菲特說過，投資好的股票沒有風險。

我認為股市投資籠統說是有風險的，但冒風險的大小是可以控制的。如果我想每年獲利5%，這樣低的收益自然風險就小。我們可以通過國債，股票的組合完成，輔助以新股配售（中國的特色證券發行辦法之一，股東可以用自己的股票市值來抽簽中新股）的收益，完成5%並不難。

但是，如果我們想追求高收益就要冒較高的風險，人們往往股票套牢後，再叫股票「有風險」，其實根源在於當初想追求高收益，在倉位（泛指買的股票的數量）與購買情緒上沒能控制好。

開車風險很大，但在車速和情緒上控制得好，風險就

小多了；走鋼絲也很危險，多用幾種保護措施就安全多了。如果只是一味地規避股市裡的「風險」，那必定是還沒真正學會做股票，還沒找到正確的方法。如同想開車的還沒有上路；走鋼絲的人還沒戴上保險帶。

偶然翻出剛工作時記錄的一筆流水帳，倍感親切。翻開看以後頗有感慨：那時候的收入十分固定，工資、獎金以及偶爾的利息收入。但是花費的卻有許多，一頁接著一頁，柴、米、油、鹽、醬、醋、茶……每個月支出以後，所剩無幾。日子緊巴巴的。

從財務角度看，過去一個人的總資產大部分用於消耗，只有少量的用於存款並且產生比較低的利息。而現在有些改觀了，個人總資產的小部分用於消耗，小部分用於產生低效益的存款，而大部分用於產生高效益的投資。如此，生活就會富裕一些。所以，富裕不富裕與理財的模式有關。

從錢指揮我到我指揮錢

工作對於每個人來講都是必需的，無論是為了生存還是為了實現自我的價值。從我一出校門，就開始工作，至今已經11年了，但重要的轉折只有一次——進入股市。

進入股市之前，錢指揮著我，每天要馬不停蹄地去工

作，否則無法生存，為了擺脫錢的壓力，我嘗試著做更多的工作。我想如果我一直無緣進入股市，無緣參加投資理財這樣的活動，即使我現在是一個高級打工者，即便是白領或者金領（相對於體力勞動的「藍領」與從事腦力的辦公室職員，金領指的是總經理以上的高階主管）那種「金錢」的壓力絲毫不會減少，因為沒有人能夠界定工資是每月1,000元、5,000元、還是10,000元才是安全的、無憂的，沒有人能界定我的存款是10萬元、50萬元還是100萬元才是足夠的。

而進入股市以後，我開始指揮錢去工作，因為錢在受你的指揮！錢就像種子，你得學會播種，錢就像士兵，你得學會做一個將軍，有作戰策略，才能夠在「錢之戰」中獲得勝利。否則，一將無能，累死千軍。

有一本書叫做《從奴隸到將軍》，我仿佛也經歷了從錢的「奴隸」到錢的「將軍」過程。在生活上，雖然沒有翻天覆地的變化，吃的還是米飯、穿的還是棉衣、住的還是普通的房屋，但在內心裡，感受著自由帶來的快樂。

我終於體會到作為一個有經驗的漁者坐在水邊的那分閒逸、那分自信，那分原來不敢奢求的內心的平靜。生活的注釋不應該是苦難，成功的注釋也不應該是奢華。事業在我們的內心展開，一切都將實現。

學習、創新就是賺錢的好方式

在學生時代毫無目的的學習，只有一個詞可以形容學生的生活——枯燥。而在股市裡，學習就不再是「枯燥」的事情，我們學習要把遊戲玩好，學習要掙錢就要認識股市，學習成為不可不用的唯一方法。

有一天，我跟朋友聊起遊戲的癡迷者。有一個愛好《文明》遊戲的人，在發展科技的問題上大下功夫。把遊戲裡關於科技發明規律的表格一步一步總結出來，畫出一張詳細的表格，做這張表至少要重複玩個五六十次才能一點點總結出來，但他就是十分有毅力的堅持下來。之後，許多玩這個遊戲的人都要借他的這份表來開展遊戲中的科技發明事業。

這樣的「學習」是多麼的快樂，因為這「學習」是自己追求的、選定的。然而對於一個自由的人來講，創新更是快樂的。

有一個商人去旅遊，來到一個非洲原始的部落。他發現一個土著人正在用草編織著各種各樣的小配件。就上前去問：「這個東西賣不賣？」

土著人回答：賣。

這個商人挑來挑去，感覺這東西十分有藝術價值，他

想：從這個土著手裡買下只要花0.1美元，再賣給那些城裡人可以得到10美元。

商機就在眼前！

商人即刻挑出其中一個最好看的配件，並掏出一份合同，想向土著訂購10萬個！

土著愣愣地看著商人，頭搖得像個撥浪鼓。

商人急了：「你嫌錢少？我最多可以給你加到0.12美元1個。」

土著搖著頭說：「要編10萬個一樣的，那多沒意思！」

其實，對於一個自由的人來講，創新本身就是樂趣。

在股市裡，買賣股票沒有一定的規則，一切都看自己的設計。索羅斯會在大家出期不意的地方下手，在於自己對市場的理解。

對於一個「自由」的詩人，創新是快樂的。

對於一個「自由」的投資人，創新更是快樂無比的！

完成作品的過程和結局都是快樂的！

投資理財是一種使資金增長的藝術。

從選擇方案到方案實施，及完成整個過程，我們都是在追求一般藝術家們所追求的一切完美。

為此我們要錘煉我們的技巧。

第一步要成為一名上乘的工匠。

畫家要會運用色彩，音樂家要會彈奏樂器，投資人要懂得運用各種技術手段，漁者要會使用捕魚的工具。

我們還要昇華我們的心靈。

第二步，要成為這個領域的「有靈感」之人。

畫家得到他人靈感，音樂家感知到他的旋律，投資人發現機會，漁者要能感知魚群的到來。

作品開始創作了！

第三步，沈醉其中。

一切的過程，畫家、音樂家、投資人在完成他們作品的一切過程都是相通的。

就像漁者正在漁著，唱起了一支漁歌。

熱情，將帶來有形無形的財富

有一天，天氣很冷，我看見四個老人家圍著石桌打麻將，他們都穿著厚厚的大衣，是有備而來的。什麼使他們這麼有興趣如此齊心來樓下玩呢？

原來，不論是孩子、老人還是年輕人都需要有自己的「遊戲」。對於自己喜歡玩的遊戲，無論是孩子、老年人還是年輕人，都是充滿熱情的。

如果我沒有進入股市，我有可能是一個很好的員工，每月有固定的工資，計劃著如何花錢、如何開支，買一本關於省錢方法的書，把可以做到的都實踐一遍。到了五、六十歲的時候，已經攢了一筆說多也不多、說少也不少的錢，把孩子上學的錢、自己養老的錢都安排好，再靠退休金度日。我的母親就是這樣，退休以後就不再工作了，每天在家裡做飯整理家務，可以運動也可以休息，充分的時間可以自己安排生活得有滋有味。

　　而目前的環境中，除了自己的工作外，我們還有哪些可以增加機會和樂趣的遊戲呢？

　　我的回答是：去認識一下股市吧！

　　在我23歲的時候，我走入了股市，我發現它給了我一個落腳點，我站在這個點上看世界，世界居然不同了！我的整個遊戲從此改變！

　　就像所有的遊戲一樣，我要贏，就要不斷的尋找遊戲的規律，增加自己的技巧。

　　我開始關心我所買的股票的狀況：它是做什麼的？過去幾年的獲利情況怎麼樣？它現在的淨資產是多少？總資產是多少？收益率是多少？它的總股本是多少？流通了多少？我買的股票份額占了公司的百分比是多少？

　　我甚至開始關心我所買的股票的這個公司領導（指企業

負責人）是誰，他的學歷、經歷，這有助於我對他們公司前景的聯想。

我關心我買股票的公司的每一件公開披露的事情，也關心所有的專家對它推薦的理由和評判的意見。

後來，我發現股票的價格整體有起伏漲跌。當整體處於漲勢的時候，我的股票價格會因此高許多，跌勢時又會因此低了許多。那麼影響漲跌的究竟是什麼呢？

我開始真正關心國家的經濟、政治。在此之前，我對國家的經濟、政治只知道一些皮毛而已，因為這些並不對我產生巨大的影響，我該掙多少工資就掙多少工資，經濟和政治對我是如此遙遠，以至於我對此毫無感覺。然而，當我的幾萬元投資因為這些而跌漲的時候，我就不得不給予關注。

切身的利益使我不斷的關注著、思索著如何在現狀下把遊戲玩的更好，讓我的「記分牌」上的數位增加。

這是一個很好的遊戲，既使我們有一份工作，也不影響我們自己的投資。當我們自己投資，哪怕只是一個月的薪資，也已經站在了「投資者」的高度，開始了「投資者」的思維方式，遊戲開始了！如果你恰巧在這個領域有獨特的感悟力，那麼遊戲的獎勵是鉅大的。大到什麼程度呢？巴菲特的「記分牌」上寫著「300億美元」，索羅斯的一筆交易可能獲利10億美元。

這是一個能讓人充滿熱情的遊戲。越瞭解它，就越發現它給人帶來的絕不僅僅只是掙錢的機會，還給人們帶來一個開闊的眼界。我們會因此關心到許多其他的投資形式，如國債、企業、期貨、外匯、基金……等等，這些都會納入到我們的眼界。

　　水裡有魚。釣魚是一種藝術、一種享受，又能給人帶來希望……

找到終身投入的「遊戲」是幸福

　　什麼事情能使你的頭腦為它不遺餘力的轉動呢？做什麼事情你可以專心致力發揮著自己最好的水準，盡著自己最大的能力，而不感覺到「苦」和「累」呢？

　　如果工作像玩電腦遊戲一樣就好了！

　　電腦遊戲有意思的地方在於它給了人們無窮無盡的成就感。當你玩的時候，你會拋開一切，專心在規則和技巧裡，很快你就摸透了遊戲的一些規律，使得自己分數大增。你很在乎分數，但又並不把分數看得很重。分數代表玩的成績，你並沒有指望它給我們帶來遊戲以外的好處。這就是遊戲！

　　工作的時候，保持一顆「進入遊戲狀態的心」該是多麼美妙！

所有的精神集中在把工作做的更好，接近目標的每一步都是十分有成就感的！這裡面我們可以利用各式各樣的技巧，運用自己的智慧，接近目標，成功以後，再制訂更高的目標。就像遊戲過了一關又一關，那種勝利足可以把手指的「勞累」忘記掉。

　　我喜歡的遊戲是《文明》。在遊戲裡，我是一個4,000年以前的部落首領，我在世界上探索，在資源豐富的地方建立城市、發展人口、貿易、還要注意國防，生產一些軍隊保衛城市，我要發展科技、讓技術進步、還要注意國民的情緒、為他們發展一些使精神得到快樂的事業……這些都要我一個首領來平衡、制定發展策略。而一些突發的外敵如何抵禦、與鄰國的外交如何保證最有利自己的策略等等，也需要我這個首領來想辦法。我的城市越來越多，我的領土越來越大……最後我統一了整個「文明世界」。

　　所以城市的人們為我歡呼，我放開「滑鼠」，抹一抹臉上的疲憊，忽然驚訝於外面已經發白的天空，我剛剛坐在電腦前開始遊戲時是下午五點，現在一看牆上的鐘顯示著六點整，桌上一杯水和半個啃過的麵包證明我在當「首領」時的「簡樸生活狀態」。

　　幾次當我沈迷在「建設」中，不知不覺就是一夜。之後，我聽說弟弟的同學曾經在這個遊戲裡沈浸了三天三夜。

後來，我開始能夠理解一些企業家的「工作狂」。他們沒日沒夜的「工作」，不只是為了「掙到生活的花費」，相反，他們往往生活得極為簡單。但是，他們已經不能夠離開「工作」，工作寄託著他們的理想，超載著他們人生的快樂。企業更大、利潤更多是他們追求的，但也許他們並不需要這麼多錢去消費。

　　這些「工作狂」是幸福的，他們把我們對遊戲的一切感覺融入到他們的工作之中！

　　十年以來，我始終喜歡《文明》這個遊戲。從遊戲的規模來講，這一個世界網路遊戲僅在中國參與的就有6,000萬戶，還有人在源源不斷的加入。

　　不知道在哪一年，我已經在「做股票」這件事情上也找到了跟「遊戲」很類似的感覺。

　　從我自己的感受上來講，這個「遊戲」是適合我的、我喜歡的、我願意為之鑽研、不遺餘力的。遊戲讓我每每有一些成就感、挫折感，我能夠承受。當然，在這個遊戲裡，我還沒有發現真正的高手（除了巴菲特），我也不感覺自己是一個高手，但我一直在努力著，我相信高手首先一定是一個愛好者。有一點，我確定無疑，我是一個愛好者。

　　我想我是釣魚的愛好者，今後有實力成為捕魚高手，接著成為一個捕魚的理論家……

閒與靜是致勝關鍵

打電話問朋友，頭一句話總是問：「你忙什麼呢？」

在朋友的聚會上，聽說某人「忙得很」，大家都會投下去羨慕的眼光。

忙——一種工作熱火朝天的狀態，確實讓人好不羨慕。然而，在百忙之中能夠保持一顆「閒逸」的心，已經成為我工作、生活所追求的狀態。

現代的社會物質豐富，新事物優的劣的，沸沸揚揚，如此喧騰。這樣的環境裡，如何不被干擾、如何不被誤導、如何不迷失在這個繁雜的時代——尤其是在股票市場裡。

股市是現代「兵家必爭」之地，資金多、資金少的都會出沒在這裡，不同的人會為這樣和那樣的目的，製造一些人為的資訊；不同情緒的人會為這樣和那樣的企圖撰寫激揚的文字映入眼簾；不同立場的團體，會站在這樣和那樣的觀點針鋒相對……

這種非自然的「雜音」全世界的任何角落都有，尤其是股市，更清楚點說，尤其是中國的股市！

投資人應該相信甲還是相信乙，還是相信丙或者是丁？

沒有其他的辦法，最終還是讓紛擾自紛擾。你只能相信你自己！

心要在鬧中取靜。

我的好友中，十個有八個喜歡旅遊的。喜歡去有山有水的地方，哪怕只是走一走、看一看、歇一歇，把工作上無盡的忙碌拋開，將自己置身於山水之間，求得身心的閒和逸。

我則認為，心靈處於閒致、安逸，不被外界所干擾，即使處在紛擾的吵雜中，一樣能遊歷於山水之間。

在做股票的幾年裡，我經常想像自己在種莊稼，其實我連一盆花都種不好，不是我笨，而是我的心思不在花上，但我知道種植的過程。我還經常想像自己是坐在一條船上的漁者，一壺酒一根竿，一人獨釣一江秋，縱然這些年從來沒有釣過魚，但釣魚的心境卻一直影響著我對股票的操作。我在做股票的工作上從沒有「忙」的感覺，只是安靜的選擇和等待。

而股票的選擇和等待都需要心靜。不受股評家、股友的影響，不受輿論和情緒的影響。這說起來是多麼的簡單，但做起來又是何等的難！就像生活，何處不紛擾。

我不會開車，先生會開，但他認為沒有必要買，所以我們沒有買車。

朋友A家有兩輛車，見到我們總是問：「還沒有買車嗎？」

孩子也告訴我們，她喜歡黃色的「甲殼蟲」。

親戚從遠方來，也要關切的問「你買什麼車了？」我們表示：「還沒有買！」親戚認為我們應該買高級車了。

其實，即便是買，也不一定買很高級的車，這不是我們的愛好。

朋友B是朋友A介紹認識的，朋友B迎接我的到來時，寒暄了幾句問：「你是怎麼過來的，你的車停在哪邊？」我要解釋：「我不會開，也沒有買……」

我不禁與先生商量：我們買輛車吧！

他問：妳確定要買車嗎？

說了以上種種理由，我認為周圍的人都習慣地認為我應該買輛車，所以我真覺得應該有輛車。

但說完這句話，連自己也覺得可笑！因為別人以為所以我認為，這是明顯的錯誤！做不做一件事情，關鍵是自己確定該不該做，而不是由別人決定。

在股市裡，甲說甲股好，乙說當然乙股好，丙說傻子都知道買丙股。如果在這麼紛亂的資訊中，無法堅持自己的觀點，你的帳面上就會出現這樣的情況：甲股500股，乙股1,000股，丙股10,000股。

我依舊沒有買車，當我學會了開車有可能會買。

但我永遠也不會讓別人決定我的股票買賣。我會認真的聽他們買賣甲乙丙股票的理由，至於我是否會買，我要研究一段時間，有了充足的理由和充分好的時機才動手。世界上沒有預言家，除非他自己在創造事實，我們可以相信的——只有自己。

　　怎麼能夠讓自己相信自己呢？很多人從來都沒有自己相信自己的習慣，盲從成為他們生活的必需。如果沒有了盲從的環境，就會感覺慌亂、不知所措。他們自己雖然有自己的想法，但寧可相信大家的。

　　中國的造字藝術是如此的有深意，盲從的「盲」拆開來就是亡目，即眼睛死掉了，眼睛看不見了。眼睛看不到自己的主見，只有盲從他人。然而另一個字更值得深思：忙！

　　「忙」字拆開為心亡，也就是說思想滅亡了，沒有自己的想法了。這是我認為最可怕的事情，整天「忙」個不停，為了「忙」而「忙」，心靈為此停滯、思索因此而滅亡。那麼「忙」的一切意義都沒有了。

　　在工作極多、壓力極大的時候，我常在睡前問自己：
　　1. 你在忙什麼，這件事情值得你去忙嗎？
　　2. 你到底在想什麼？

3. 事情有那麼複雜嗎？關鍵是什麼？

在之後的日子裡，我在市場做股票，每天按部就班做著一些資料的整理和蒐集，每天9：30工作到15：00，之後或者研究研究走勢，或者運動運動，或者娛樂，或者看書。我想這八年我每天的時間安排表要是拿出來，一定是北京市有工作的人員當中最有閒暇的一個。

我只是不想做一個生活工作處處被動的人，我要求自己做一件事情之前先把這個事情考慮清楚。而考慮需要一顆閒逸的心。每個人的心思都是有限的，考慮了這些事情就無法考慮那些事情，考慮如何省錢，如何爭奪一瓶醋，如何追求時尚，如何……就沒有空閒考慮我的優勢是什麼，我的機會在哪裡，我的下一個贏利的股票在哪裡。

我們做的一切都很重要，但最重要的只有一件。把心思多留在這件事情上，其他的事看得淡一些。有一位名人曾經說過：「要成就偉大事業，一個人必須又勤奮又悠閒。」

我相信：在一個遊戲上下了很大功夫，我一定比一般人玩得好。最早的電玩遊戲我很迷「俄羅斯方塊」，剛開始只能打一關，後來一開機就可以從第十關開始，以致達到遊戲無法升級。方塊像雪花一樣飛下來，我也能不慌不亂的擺平。當時，我已經感覺玩到了極致。即使有人來向我挑戰，我也自信能輕鬆應付。

我更相信：當我對一個問題比別人考慮更多遍，我自然對這個問題比別人更加瞭解。那麼在這個問題的解決上，如何去聽信他人的言論，那麼應該相信誰呢──舍我其誰？

　　當你決定去釣魚，那麼就要按自己的方法去釣，不要詢問別人的方法。也許別人的方法只適合別人。我看見許多人都試過釣魚，有的釣得多，有的釣的少，但只要釣上魚的人，都是耐心的堅持了自己的方法。

存在的就是合理的

　　在證券市場十年，「投資理財是一種藝術」是我最深的感受。在這個行業裡，無數的人爭相研究技巧，而只有對投資有獨特「感悟」的人，才能成為大師。

　　著名的國際投資投機家索羅斯率領的量子基金30年來保持每年的投資回報率達到35％，這絕非常人能做到。

　　迄今為止，我所看到有關索羅斯的文章和書籍大多描寫其在國際金融市場翻雲覆雨的鉅額投機為主要內容。然而，當我們深入剖析索羅斯賴以成功的思想基礎時就會發現，他具有極為獨特的思維習慣和強烈的批判精神。他從不迷信教條，更不墨守陳規。一旦遇到問題從不人云亦云，敢於對那些已經被大多數人奉若神明的定律和法則提出疑問與挑戰，

並設法去證明它們的漏洞。一旦獲得成功，他也就獲得數以億計的財富。

索羅斯的理念堪稱「思想搖錢樹」。在索羅斯的「思想搖錢樹」成長起來之前，他一定也曾經有過許多其他的夢，而那些夢沒有機會發芽。

多數人在工作之前和工作之後有著不同的夢，因現實改變了一切。現實改變著人們對事物的感受，改變著人們對事物的認識，改變著人們對一切的理解。

當初的夢想與錢無關，甚至一度「視金錢為糞土」，而現實叫我認識到錢貫穿著我們的生活，當我努力掙錢的時候，現實又教我認識到財富絕對不是簡單的積累。

在做股票的日子裡，尤其是在投資的股票慘重下跌時，所得到的感悟更深。股票的價格跌下來了，我開始抱怨：股票市場不規範、莊家炒作太凶、基金有黑幕、政策不明、公司造假等等。接著又開始剖析自己、埋怨自己：選時不好、選股不精……但抱怨之後，股票還是那支股票，價格依舊是那個價格，沒有人可以給予安慰或者補償，這就是現實。

一位哲學家說過：存在的就是合理的。

我們所處的現實社會，有這樣的情況一定是有其原因的，有其存在的合理性。市場不規範的一系列問題在任何國家的證券市場發展初期都曾經有過。如同一個孩子，在成長

階段一定會有「成長的煩惱」，不要試圖跳過這個階段變得成熟。

我開始慢慢適應這一切。我們不可能等到市場完美才入市。現在美國的市場已經發展了200多年，誰敢說它是完美的？沒有盡善盡美的市場，只有逐步完善的市場。

不要試圖去改變這一切，一切終將會改變。要試圖利用現實的「磚」，鋪就一條通往「理想」的「臺階」。這就是現實給我的忠告。

期待成為中國的巴菲特

最近的《財富》美國富人排行榜的結果絲毫不令人意外，比爾．蓋茨以466億美元名列第一，巴菲特以429億美元名列第二。這種排名幾乎與五年前一模一樣，但這期間市場已經滄海桑田。

這裡財富的計算主要以他們所持有的股份數額乘以市場價格計算，比爾．蓋茨的公司是鼎鼎大名的微軟，巴菲特的公司是很多人不太熟悉的伯克希爾．哈撒韋，經過近四十年的運作，巴菲特已經完全將這家紡織公司變成了一家投資控股公司，旗下包括保險、信用卡、飲料、傢俱、新聞媒體、珠寶、製衣、製鞋、糖果等等看似業務不相干的行業，但它

們卻均擁有一個共同的特點：強勁的財務能力。至於如何強勁，試以他的《水牛城新聞報》為例，該報業公司2000年稅前利潤為5,200萬美元，而其總資產僅為3,000萬美元。

2001年伯克希爾·哈撒韋的年報顯示，自1964年至2001年，公司的帳面資產增長了190,194％，而同期S&P500的增幅為4,742％。注意這只是帳面資產價值，其股價在同期的增長為912,500％，也就是每投資1萬美元，現在有9,125萬美元。在此期間，投資人除了耐心等待，什麼都不需要做。

伯克希爾·哈撒韋公司的股票在紐約股票交易所上市，2005年初價格在86,000美元一股左右，相信是目前世界上最為高昂的單股價格。巴菲特公司的股價由30多年前的每股8美元至今漲幅遠遠拋離大勢，其特點是從來不分股，也幾乎不派紅利。

依據巴菲特的看法，送紅股不增加任何股東價值，一個100的大餅與兩個50的小餅實質沒有什麼區別，只是帳面遊戲而已。對於後者，他認為如果公司有更好的投資方向，就不應該向股東分派現金紅利，這樣做，有利於股東價值最大化，同時可以避免投資者拿到紅利時的二次徵稅。總之，股東利益最大化應該是公司管理層行為的核心。

巴菲特的辦公所位於基威特廣場。一個記者記錄了他遊覽經歷：

那天是星期天，街道上幾乎沒有一個人，以致我都無法留影做一個到此一遊的紀念。當我走進十幾層高的辦公樓時，大樓只有一位管理人員。他告訴我，伯克希爾僅居14層樓的一半，公司名字毫不顯眼地淹沒在其他公司中。根據2002年的公司年報，它的淨資產為1,695億美元，而這裡只有包括巴菲特在內的十二個半的工作人員，其中一個為非全日制工作人員。巴菲特就住在不遠的三十多年前購置的房子裡，拿著區區10萬美元的年薪，管理著一個偉大的公司，為股東創造著財富。他說：不是我喜歡錢，而是我喜歡看著它們增長。

　　在我的心底深處，曾多麼希望成為「巴菲特」。

　　哲學家叔本華說過：你可以做你想做的，但不可以要你想要的。

　　如果有人問我做股票的理想是什麼？我想我的答案是：讓錢增值到我能力的極限。那你現在在幹什麼？我在盡力——臨淵羨魚，不如退而結網。

第五章

認識股票之前，先認識自己

什麼人能戰勝股市？

很簡單，也很複雜。

首先要戰勝自己。

我剛剛學習西方哲學的時候，聽說在雅典有一個著名的神廟，叫「德爾斐神廟」，裡面有個神諭：認識你自己。

當時，感覺這個神諭怪怪的，為什麼神要對人講這麼一句話，這句話有什麼深意，又為什麼要供在廟裡，被無數人頂禮膜拜。

然而再走過漫漫15年以後，回過頭來看這一段，心中感悟頗深：認識世界容易，認識自己多麼難！

有時候，羈絆自己成功的正是自己。現實中真正的困難都有解決的辦法，最困難的乃是對自己的認識。

其實做哪一個行業都是一樣，許多人雖然付出很多艱辛，總是沒有獲得成績的突破，為什麼？那些很有成就的人都是機遇好嗎？還是有什麼其他共同的東西？

認識上的局限性

在我們觀察一隻螞蟻時，發現它總在低頭忙碌它的小世界裡的事情。它只能找到附近的食物，它不可能看到草叢那邊的大樹，大樹那邊的高樓，它無法理解「人」的存在和「人」的生活，這就是局限。

每個人也都有著局限性。

在貧窮的山區，住著許多世代困苦的人們，但只要他們當中有一個人堅持走出那一片山區，來到發達一些的地方，他就會立即融入文明，生活一下子改觀。這個人的確是很令人佩服的——因為他突破了世代給他製造的「局限」。

生活如何改觀？如果我們不突破已有的頑固的局限，改觀是十分困難。而突破「局限」之前是要認識到自己是有「局限」的。

在我大學剛剛畢業時，覺得沒有什麼比找一份穩定的工作更重要。於是我一心一意忙於找一份工作，我並沒有覺得自己陷在「局限」裡，但多年以後發現如果我不走出這一「局限性」的認識，也許現在還在按部就班吧，生活在靠薪水維持生計的日子裡。

在我做股票的日子裡，獲利和虧損成了家常便飯，資訊和憂慮、愉快和困擾交織，有時會讓人迷失方向，只感覺到一切飄忽不定，自己在陌生的世界裡「隨波逐流」。當時我也並沒有感覺到自己是陷在另外一個「局限」裡。

隨著時間的推移，隨著對股市的認識增多，我發現如果當初沒能走出這一「局限性」的認識，也許現在還在被動投資、僥倖的投資，在下跌的日子裡心情沈重。

● 開闊眼界，超越自己

現在，我同樣有著某些局限，我要認識到。於是我追求更多一些見識，所謂學海無涯。更多的學習沒有什麼壞處！也許這一些學習不一定直接用得上，但這些學習最有用的可能是突破你眼界上的局限性以及思維上的局限性。

有些人有這樣的觀點：上大學有什麼用，不如天天炸油條掙得多。我十分反對這一觀點：上大學最有用之處在於開拓眼界、開闊思維，這對一個人來講不僅是掙錢多少的概念，是將來站在什麼樣的層次上工作、生活。

因此，我也不贊同那些大學生只鑽研十分專業的科目，不重視關於社會以及關於思維的課程，如：社會學、文學、心理學及哲學。如果只重視專業科目，學習再好，也只是造就一位好的工匠，學校裡絕對沒有培養有創造力的藝術家、投資家或者總統等等的課程，而造就各行業「大師」的，往往是靠他自己。靠自己的見識、靠外在與內在的努力，在無數次突破自身的「局限」而達到的。

不知道是誰說過：你最大的成功就是超越自己。

● 追求深一些的理解

知識需要廣度，更需要深度。

這也是我十分崇敬各個方面「專家」的原因，無論是與哪一方面的專家來交談，都是一種享受。

那麼如果沒有那麼多專家正好被我們所認識，我們只好在關心和感興趣的問題求助於書籍。在書籍中與專家和大師對話，對某一方面的認識會大大加深。

對於投資的理解也是這樣，它不僅僅只是買賣這樣簡單。裡面蘊含著許許多多的內容，需要智慧和精力去把握。

記得有一位研究蚯蚓的專家在老之將至的時侯感慨：「人的一生是如此之短，而蚯蚓卻是如此之長。」短短的一條蚯蚓，竟可進行如此深入的研究。

何況投資。我已經感受到了投資學的「博大精深」。不斷攀爬著專家們給的資訊、理論等繩索，我想達到理解投資的新境界。

心理上的情緒性

在人的種種情緒之中，「恐懼」和「貪婪」是股市之中最讓人難以控制的兩種經典情緒。

什麼人能戰勝股市？
曾經有人這樣問我。
我說：很簡單，也很複雜。首先要戰勝自我。
那人一頭霧水。

股票到底怎麼做呀？

我說：很簡單，只是一買一賣。花不了兩分鐘你也能學會操作的流程。

那什麼時候賣和買哪一支好呢？

我說：很複雜。我想你的意思是想問：如何有正確的決策吧！

那如何決策呢？

決策，在我們的大腦中是這樣的流程：資訊刺激和蒐集，分析加工，最後得出一個精算的結論。按照結論，決定行動。

我發現新入市的股民和職業者有著不同的流程，比如「買入」的決策。

新股民	資訊刺激和蒐集	張A在股市上發財了，王B也在股市上大撈一把，就連三傻也開了戶。
	分析加工	我不比張A、王B笨，豈能落在人後。股市裡發財的不少，我得抓住機會。
	結論	應該進軍股市分它一杯羹。
	行動	第二天去開戶買入他們都說漲了的股。

職業者	資訊的刺激和蒐集	・基本面上：經濟有復甦的跡象。 ・政策面上：有支援股市穩定發展的願望和實際理由。 ・資金面上：綜合許多專家意見發現資金並不十分緊張。 ・社會心理上：人們對股市的信心處於恢復階段。 ・技術面上：嚴重超賣，技術指標有向好的要求。 ・公司基本面：具有業績好發展快有重大重組等值得買的理由。
	分析加工	大盤趨好。 想買入的股票有上升的動力。
	結論	於某某價格區間可以介入該股。
	行動	邊觀察所有有關資訊一邊分期買入。

　　這就是新股民與職業者不相同的決策流程。當然，當經歷過許多挫折以後，新股民的決策流程會慢慢向職業者的方向傾斜。他們開始關心政治、經濟，關心自己擁有股票的那家公司在做什麼有什麼情況，開始學習各項技術指標。

● 克服恐懼

許多股友學習了許多許多，十分勤奮，然而還是時常失誤。在最該買的時候不敢買，在最不該賣的時候把股票賣掉。

我也曾經連續數日反省自己出現這樣的失誤。

原因是——恐懼！

這又回到了前面，有人問：什麼人能戰勝股市。我說：先戰勝自己，戰勝自己的恐懼。

「天要塌下來了，天要塌下來了！」小雞總是圍著穀倉轉，警告即將到來的厄運——這是外國的寓言故事。

這種「警告」好比「雜訊」，而我們都聽過這樣的「噪音」。「噪音」既有來自我們頭腦內部的，也有來自我們外部，來自朋友、家庭、同事和新聞媒體。

《富爸爸窮爸爸》一書說：大部分人之所以貧窮，是因為在他們想要投資的時候，周圍到處是跑來跑去的「小雞」，叫嚷著「天要塌下來了，天要塌下來了！」「小雞」們的說法很有影響力，並在我們每個人的心中引起共鳴。

因此，我們常常需要極大的勇氣，不讓謠言和杞人憂天式的懷疑加深我們的恐懼心理和對自己的疑慮。當我們被這種恐懼佔領的時候，就會做出錯誤的決策。終於，後悔莫及。

1994年的熊市，因為怕股市「搞不好就關」，有的朋友就在300多點的時候拋售股票。

　　前幾年，市場上低迷時期，有人批評中國股市如同怪胎——一生下來就不健全，發展起來更加扭曲。接著有「賭場論」、「推倒重來論」，作為中小投資者在這樣的輿論氣氛下，又加上大盤下挫，不少人因此十分恐慌，幾乎崩潰。

　　2003年，又是熊市，大家開始討論股市是否邊緣化，也就是討論股市在經濟中的地位還重不重要的問題。一些因為熊市而憤慨的股評家的觀點也著實令人害怕。但是我們仔細想來，股市在我們經濟領域的地位怎麼可能不重要？

　　我不是反對討論，相反的，我希望言論自由有各種不同觀點加入，這有助於分析解決問題，這也是一個國家進步的標誌。但在討論之中，我們如何能保持不「聽風就是雨」，聽到一個假設就一團恐懼，就損失一筆財富。

　　那麼我想，就應該多看到這些問題，讓歷史上發生的種種事件，來告訴我們——我們的未來。

　　歷史是重複的。

　　我之所以不惜筆墨一再舉出美國股市曾經的事件和中國股市正在發生的事件，總結歷史的重複性，是為了減少心理的恐懼。

　　我以為，減少心理的恐懼要比學會技術分析更為重要。

● **化解貪婪**

　　人們總是追求更多，連巴菲特都承認願意看到財富增長。雖然他要將98%的財富捐出。那麼，在追求增長到貪婪之間有什麼界線？

　　記得在學習模糊數學（屬於數學的一個分支）時，老師曾舉例：多少根頭髮算禿頭呢？1,000根、999根、998根……100根、99根……頭髮少到一定程度，我們就認為他很禿，但無法具體給出一個明確的回答「多少根」正好是禿與不禿的界線，只能模糊的給出一個相對的範圍。

　　追求增長和貪婪之間也應當有這樣一個模糊的範圍，過度的追求增長就是貪婪。追求增長是投資人很現實的事情，但在投資過程中，很容易滑向貪婪的境地。

　　這些年看到許多大資金的操作思路也在「走向貪婪」。這使我十分憤慨和感歎的，憤慨的是他們在股市中利用了資金優勢製造不公平；嘆息的是他們有如此好的投資時機和可以用智慧追求高成長的環境，卻作出了「殺雞取卵」的不太高明的「貪婪」之舉。

　　如前文提及的億安科技等股票操縱案，他們的特點是用短時間把股票從很低的價格炒至很高的價格並出貨。如果資金不去追求最短時間的最高收益，不欺騙消費者在價格上上當而獲利，以如此大量的資金完全可以去實行一個較長久可

行的增長方案。這樣既不會出現欺騙的下場，又可帶來利潤收入。例如：買股票之後，不急於出貨，而用心經營，利潤高自然股價就高。當然經營利潤不能靠造假，而是靠行業的優勢、管理的水準、業務的開拓等等……

　　而一些「大的資金」是帶著「貪婪」的心態遊走於股市。這的確需要監管，不然小的投資者都會被傷害。而真正大的資金投入應該有長久的打算，應當與其他投資者一起分享公司的未來成長才是正路。

　　最令人感歎的是一些公司收購上市公司的股權，成為第一大股東，不但不把上市公司做大做強，反而用很齷齪的手段，把自己的不良資產高價賣給上市公司，套走上市公司的現金財富，然後轉手賣掉股權，美言自己是「成功的資本運作」。

　　其實這才是真正的「殺雞取卵」。如果能有機會買到「殼」，何不全力經營，股價總是不負每股收益的，靠增長盈利不知道比謀害一家上市公司並取走其有限的資金要高尚和高明多少倍！而有那麼一些「貪婪」和不高明的人總是把精力放在這上面，不願意把精力放在經營上面。

　　大資金尚且無法控制貪婪，小資金更是如此。但貪婪的結果並沒有給投資人帶來更多的利益，相反，貪婪引發的不理智，經常會使投資人作出錯誤的行動。

對於小投資者來講，貪婪大多體現在價格超出價值許多還不肯賣出。這也是減少我們利潤的「主謀」。

如果我們不能否認我們內心都有「貪婪」的本性，就讓理智去控制這些貪婪在合理的範圍內，或者用智慧讓貪婪不斷回到合理的「追求增長」的基本原則上。

無論對大資金還是小資金的擁有者，化解貪婪，會給我們帶來全新的成績。

我們應當根據市場的情況考核自己的成績是否優良，心中不能毫無標準，或者毫無目標。偶然一次抓住了漲停的股票，就想著去抓住每一次漲停板。有時貪婪使我們陷入了虧損。另外，心中不能毫無標準。散戶每年能夠贏利30％～50％就已經十分可觀，不可追求不切實際的300％～500％。

行動上的習慣

「個性只是長期的習慣所造就的。」

——古希臘史家普魯塔克

「沒有什麼比習慣更強大的了。」

——奧維德

「習慣是第二天性。」

——西塞羅

成功的人都是以一個積極的態度入市的，對大多數交易者來說，這些態度不是天生就具備的。他們也需要學習、開發和保持，直至這些態度成為他們的習慣。交易時有良好的習慣會培養出交易的力量。

　　投資也一樣，「要麼得到你所喜歡的，要麼被迫喜歡你所得到的。」

● 做計劃的習慣

　　我們需要習慣在交易前做好充分的準備，包括心理、策略和財務上的準備。持有這樣的態度，就是全力以赴為交易成功而做好準備。這就是計劃——決定做什麼，怎麼做，出現問題如何解決等。

　　值得一提的是遇到「損失」如何做計劃——首先是我們要有接受損失的習慣。「勝敗乃兵家常事」，要把損失視為交易過程之中的一個簡間單單的部分，只要是交易，就不能避免損失，每個人都喜歡獲利，但獲利與損失都是交易之中正常的現象，不會因為偏好而消滅了損失，只會因為把握到好的方法而儘量減少損失的次數和數量。

　　生意人雇用員工工作並支付薪水。但他不會把員工的工資列為「損失」，而是認定它可以帶來利潤。投資人也應當如此看待交易中的「損失」——付出損失，卻贏回利潤。

不少人僅僅選擇作利潤的交易，其實這是十分愚蠢的，收益與風險是並存的，若害怕風險，那只有把錢存銀行比較安全。這樣的人猶如害怕摔跤而不敢出門行走的人。而我們還不能去勸這樣的人出門，因為，他準會大摔一跤。

我的一些朋友希望我為他們理財，因為他們發現原來投資一年會獲得20％甚至1,000％的利潤，但他們又不願意發生損失，即使我提出個5％～10％的止損線，他們總是希望得到我的保證，比如每年10％或20％等等，但我從來不答應這樣做——投資者應當有「風險」意識，如果是在投資，一定會伴有風險，而正是有風險才會有高收益，如果想收得固定利息，那麼就把錢以低息借給我，我能承受這樣的風險，而如果這樣做，朋友又享受不到投資的高收益。

● 思考的習慣

我們都有這樣的經驗：兩個人都會下象棋，都熟知象棋的一切規則，而能夠多考慮幾步的那個人總是處處有優勢，這就是所謂的「棋力」。

投資理財的領域每個人都能介入，關於規則、品種、資訊等都可以共用，而機會往往偏重於那些深思熟慮、領先一步的人，而這沒有什麼捷徑，就像那個多考慮幾步的棋手，要贏，就得養成思考的習慣。

思考使我們克服投資盲目性。豐子愷有這樣一段文字：

有一次我畫一個人牽兩隻羊，畫了兩根繩子。有一位先生教我：「繩子只要畫一根。牽了一隻羊，後面的都會跟來。」我恍然自己閱歷太少。後來留心觀察，看見果然如此：就算走向屠場，也沒有一隻羊肯離群而另覓生路的。後來看見鴨也如此。趕鴨的人把數百隻鴨放在河裡，不需要用繩子繫住，鴨群自能相互追隨，聚在一塊。上岸的時候，趕鴨的人只要趕上一兩隻，其餘的都會跟上岸。即使在四通八達的港口，也沒有一隻鴨肯離群走自己的路的。

中國股市剛剛發展了十幾年，不但股市本身的遊戲規則不成熟，需要一步步走向公平規範，並且投資人也同樣十分不成熟。股市對於股民們是一件新鮮事物，經歷了一輪又一輪牛市、熊市就有一批批股民成熟起來，逐漸地，投資的理念才會慢慢地流傳開來，這可能需要更多的時間。

股市高漲時，大家一傳十、十傳百，99%的人在贏利。有了贏利效應，就像一隻羊上岸、另一隻羊上岸，最後所有的羊都上岸。投資人也是這樣：你入市我入市，最後大家都入市。就我的經驗，中國股市最害怕的就是這種情況──全民炒股。一旦股市出現這種現象，明智的投資就該加倍警惕

並準備隨時逃離。而實際的情形是，出現第一隻逃離的羊、就會有第二隻羊逃離，接著將有一群羊跟著逃離，一直到最後一隻。

股市——全球股市都差不多如此，但中國的這種現象卻更瘋狂，更戲劇化。

大眾是盲目的。

記得一哲學家說過——群體是無意識的。在股市中成功，首先不能成為那一群無意識群體中的一員，必須具有對股票發展的洞察力，對主流方向的敏感度，不祈求成為意識形態的領頭羊——股市的精神領袖，也應該在這個領域保持先進。

保持思考的習慣，有助於我們保持理性，比大眾早發現機會和問題，投資獲利可以超常領先，說穿了，不過是掌握這種群眾情緒如此重複幾次而已。

● **瞭解對手閱讀財報**

在還沒有接觸財務前，我只記錄自己花錢的流水帳：今天收入工資105元，買飯票用去30元，買書用去5元……日子一天一天過去，帳目的情況一貫如此：收入、支出。收入只是一項：工資；支出卻是多樣的，有衣、食、住、行、教育、娛樂、人際往來等。

當我開始做股票，記帳也有所應用，但十分簡易，只是記錄多少錢買多少股票，加上印花稅和手續費，合計成本是多少……我對財務的理解僅限於記帳。

有一段時間，我做了交易員，兼職會計，不懂財務的我才開始接觸真正的財務記帳。我一面閱讀財務知識的書籍，一邊去請教真正的財務工作者，幾個月以後，我終於明白了整個財務的流程。原理其實很簡單：無論公司進出資金，都應該有個票據，這個票據就是資金進出的憑證。根據憑證把流水帳記錄一遍，再把分類帳記錄一遍。

分類帳記錄起來有些繁瑣，但是它的優點也很明顯。第一，可以自我糾正錯誤，如果帳目有錯誤，分類帳就會出現矛盾，如果在哪裡少計一分錢，都會被發現。第二，很容易看出公司的狀況。這實際是最重要的。

從分類帳上，我能一眼看出公司的經營狀況、公司的負債、公司的經營活動產生的利潤情況、費用狀況……

每個月，要根據分類帳做月報表。那麼月報表更直觀地反映公司資產、負債情況和獲利情況。

盯住公司財務相當於盯住公司的現狀。當然，財務也會有造假的可能性，但有經驗的會計師很容易看出問題所在。

如今，我用這一點點會計知識來審視我所注意過的上市公司，我從總資產與淨資產之間的差看公司的負債量的多

少：負債多，含金量（實際的價值）就少，負債少，含金量就大。但如果公司的總資產收益率很高，那麼負債多應當是好事，說明這個公司是在借雞生蛋，相反如果總資產收益率低，說明公司的效率比較低。如果我們仔細看還可以發現很多問題。

比如說從營業利潤和營業額的比值可以看出這個企業的利潤率，從利潤率可以判斷企業產生效益的能力。

又比如說，一個企業如果應收帳款不斷上升，那麼這是一個十分危險的信號，就像一個人把錢借出去收不回來的道理一樣。如果這些應收款超出幾年就會當作壞帳處理，那麼公司將損失大量的資產。

再者，比如說今天這家公司的利潤較去年有很大的提升，仔細一看報表，才知道有一大半是靠其他收入獲得，不是靠主營業務，再去查一查公告，才知道公司是把一部分固定資產賣掉了，實現了大筆的利潤，這樣大幅度提高利潤的方法實在讓人可疑，其實他的主營業務並沒有起色，很難保明年利潤持續增長。

很多情況都能在財務報表中反映出來。報表之於會計師就好像化驗單在醫生手中，正常的地方被忽略，而不正常的地方很快會引起注意。這個公司的癥結所在經常是被人們從財務報表中發現的。

而公司經營的優秀和平庸也同樣能被反映出來。

我曾經研究所持有股票的財務報表，發現該公司利潤率比較高，但發行股票之後，利潤率降低了。原來，發行股票得來的2億元現金還沒有完全投入，稀釋了利潤率。為此，我以一個小股東的身分找到了公司的董事長，要求他們加快考慮資金閒置問題，並給公司提出了一系列的理財方案。

我想我是在做一個股東應該做的事情，看出一些問題並要求公司妥善的解決問題。如果眾多的股東都睜大眼睛仔細看，並加強股東的責任感，那公司一定會發展的更好。當然，這種觀念的普及還需要一個過程，目前中國無論是股東還是上市公司都還不很適應。但是，這應當是一個方向。

實務上從財務報表上看出的問題要比從股評家或者宣傳材料上的真實。如果我們能有著基本的財務知識，就能夠自己來診斷公司是不是「健康」，我們還可以從半年報、季報上獲得資訊，繼續跟蹤公司的「健康」和「發展」情況。

如果我們擁有優良企業的股票，就把這投資進行到底，我們會得到更多的「獎賞」。否則，我們就結束投資來表示對這家公司的「置疑」。我們永遠都要謹慎的對待宣傳文章、傳言和股市分析師、研究員的推介。因為，如果宣傳帶有目的性，我們可能就會落入圈套。就像巴菲特曾說：「我們為興高采烈的輿論付出過太多的金錢」。

第六章

中國股市三次牛、熊大循環

在漁者的眼中，魚群的往來是有季節的。

魚群不是盼來的，是該來的時候就來了，

而且它該走的時候就一條也不留……

魚群來到時，無論你是優雅地釣魚，還是用大網網魚，

還是用魚叉叉魚，還是下水捉魚，

都能得到魚……

在自然界中，我們經歷著春夏秋冬，我們的祖先早已把這個現象觀察、記錄下來，並總結成為農曆。每經歷一個春、夏、秋、冬為一個週期，一個週期即為一年，每年有二十四個節氣，每個節氣都能準確地告知氣候的狀況。如立春，即春天來了；立秋，就是秋天到了。

人們利用自然界氣候變化的規律，開始了生產活動。當春天來了，萬物復甦時，人們便播下種子，讓種子發芽成長；到了秋天，人們就有了收成。「春種秋收」成了人們利用自然規律進行生產的模式，一代一代地傳下來。

在漁者眼中，魚群往來是有季節的。魚群不是盼來的，是該來的時候就來了，而在它該走的時候就一條也不留……

在經濟範疇中，我們也同樣感知到一些規律性的東西，類似於自然界中的四季變化。經濟的週期從經濟復甦到經濟快速增長，再到經濟停滯及衰退，如春夏秋冬的變化一樣。

事實上，股市也有其春夏秋冬。

股市中的牛市、熊市週期

在股市中，人們也同樣感受到週期的存在。人們直觀地把比較普遍的上漲時期和下跌時期分為牛市和熊市。而牛市

和熊市的交替也是如此的有規律，如果再仔細分析一下，牛熊市過程中，實際上也有著春、夏、秋、冬四季的通感。

在西方，人們稱股市為經濟的「晴雨錶」，經濟的週期會顯而易見地體現在股市的變化上。

股市的營運也有季節性。在牛市，各股股價復甦，有些股票茁壯成長，即便是一些很差的（如同野草一樣的）股票也會有機會漲價。相反的，在熊市無論質地如何的股票，都只有順著趨勢降價。就像是在夏天，無論是樹還是草，都會有生長的機會，只是樹長得高一些，草長得矮一些；而在冬天，無論是樹還是草，都難逃枯萎的命運。

我們在這裡總結為股市裡的人們贏利的定律一：

牛市＝暴利；熊市＝虧損。

感知股市季節的冷熱

如果股市的季節性規律能被我們掌握得像春夏秋冬一樣的深入具體，把股市的二十四節氣排列好，那麼，我們只需要在春夏「芒種」那幾天附近買入股票，在秋季「冬至」之前把股票全部賣掉完成收穫。那麼投資股票的工作將是多麼美妙！

但是，我們對股市的規律的認識遠遠沒有達到那個程度。

在股市裡，尤其是在中國的股市裡，多數的人們只是對股票的價格變化剛剛開始感知，經歷時間久的人，開始發現股市一個時期熱一個時期冷的交替現象，根據這現象，人們形成了「牛市」、「熊市」的概念，但僅此而已。

具體「牛市」、「熊市」是什麼時間開始、什麼時間變化、週期如何，有什麼規律——還沒有人能給出標準答案。

人們對股市的週期無法作出資料化的總結。因為：第一，人們還沒有真正掌握股市變化的規律，只是停留在感知和探索階段。第二，畢竟經濟規律比自然規律更加複雜，經濟活動是人類社會的活動，它摻入人為的因素太多，而人研究人的活動規律的複雜程度大大超出人研究物的規律。

在股市的世界裡，我們感知著變化，歷經著一個又一個輪迴，開始認定：股市一定有它的規律。

在自然界，經歷四季若干年以後，終於有有心人來記錄它的時間性，以準確地運用到曆法當中。之後，科學發展到了一定水準，人們又可以找出四季變化的原因——主要的原因還是陽光的直射和斜射。

那麼在股市變化的規律之中，最主要的原因是什麼呢？誰是引起變化的「太陽」呢？

從經驗上看，引起牛市的可能是經濟、政治制度上的改變，可能是一個大的工程的完成，可能是一場科技的革命……這些都可以說是股市中的太陽，股市中有許多太陽，某一個火熱，可以照得股市火熱起來，某幾個火熱，股市會更加火熱，而當其中的一個太陽暗淡無光時，股市也會相對較冷一些。

因為影響股市跌漲的原因不止一個，問題也就變得複雜得多，精確預示股市的變化也變得幾乎沒有可能。

然而，人們從來沒有停止過對規律的探求。

有的股票研究人員喜歡在統計上下工夫——

有人把中國有股票歷史以來的K線搬出來看，總結成「時

間之窗」，諸如：上漲18個月就會可能有變數：下跌18個月，可能也會有變數。這種「時間之窗」的理論是來自不完全歸納（邏輯術語，就是沒有完成全部材料的搜索證明就得出歸納結論）無法完成重複證明。

有人推斷1月份漲全年漲，其根據也是不完全歸納——因為多數年份一月份漲當年就漲，然而，我們的股市才十幾年，得出這樣的結論是否為時過早？

有的人認為，股票的價格受供求關係的影響，供不應求就漲，供過於求就跌。但是，什麼原因在影響供、什麼原因在影響求呢？其深層的原因是什麼呢？

大家都知道，股市的整體漲跌和經濟的發展成正相關。那麼，又是什麼原因在影響著經濟的發展呢？

原因是十分複雜的，所有的原因都在產生影響，而真正的原因也許正是這些原因的綜合。

物體向哪裡運動呢？

當然是向作用於它的所有力的合力方向運動。

可是，如果有一個原因力量之強，以至於使其他原因可以忽略不計，那麼我們的研究就變得簡單了——我們找到股市變化的主要原因了——我們找到那個「太陽」了。

在股市裡，我們不一定要求自己證明規律，但我們可以展開我們的感知能力，去感知我們所處的季節，是冷還是

熱，趨勢是由冷到熱還是由熱到冷。耐心等待，感知由冷轉熱的季節，我們輕鬆地播下種子，投出資金買入股票，等到由熱轉冷的季節，就毫不猶豫地收回果實，收回我們的投資和收益。

不用試圖改變市場氣候

人們總是希望「牛市」能長一點，「熊市」能短一點。這樣能夠使收穫的季節長一點，而等待或者損失的時間短一點。

在牛市歡騰，人們容易把當時一般性的資訊理解為利多，進而把遠景期盼得更美好，然而，不管你的想像中未來有多麼美好、解讀的資訊有多大的利多，這絲毫不能延長「牛市」的生命。相對的，在熊市裡，咒罵一切，也一樣不能讓「熊市」早早結束。

生命有規律，四季有週期。股市也有它的運行規律，作為一個投資人，對於規律性的東西，基本沒有改變它們的可能性，我們如果試圖去改變它，就如同去改變四季的規律，肯定是無功而返的。

社會規律與自然規律，相通的地方是：它們都是規律。既然是規律就有它的不易改變的特性。

在「熊市」裡，我們盯著行情表期盼著「政策」能像「太陽」一樣照暖股市。儘早讓「熊市」的嚴寒冰雪融化。但政策決不會為某個人的期盼而產生，這涉及社會政治方面的規律。

作為投資人，作為大地之上、天空之下，那個追求獲利的人，還是擦亮眼睛去觀察身邊的一切吧——當春天來時，我們會發現萬物復甦，無論是陽光暖洋洋照在身上的感覺，還是微風拂面的感覺。當秋天來臨也會有跡象——葉落而知秋。

進入股市會發現太多太多的事情無法左右。我們不能「要我們想要的」。我們只能根據季節採取行動——做我們想做的，做我們認為正確的事情。

不要幻想魚群的突然到來，魚群只有在它該來的季節才來。

不用試圖改變氣候，氣候是不會改變的。

我的股市恆等式：牛市＝贏利

做股票十年，算算也是一個略知股市常識的人，可是每當朋友來問：「股票怎麼做？」我就一頭霧水——這讓我從何講起？

每一次為有心的朋友講解如何做股票時，朋友們總會聽得津津有味，但我想等他們回到家裡，拿出存款準備殺入股市之際，還是一頭霧水——這股票到底是從何做起？

　　問的人多了，聊得多了，我也不斷地綜合、總結，終於我想明白了——其實我沒有什麼特別的保證贏利的法寶，也沒有什麼特別的「操作祕訣」，只是比一般的朋友多經歷一次或者兩三次股市的氣候變遷。

　　我沒有發現「牛市」、「熊市」來來往往的時間表，也沒有發現他們之所以變遷的那個最大的祕密。只是在不斷地思索這個問題，匯總每一次變化的特點，很想找出它們的祕密，製出「時間表」——那樣我們的收益將是多麼的可觀。

　　於是，判斷牛市、熊市成了我認為最基本的事情。也是我認為要向朋友們說清楚的事情，無論做或沒做過股票的朋友，這一點都是最重要的。我定義它為遊戲的第一定律。當然也可以叫：股市贏利的第一要點，或者叫炒股第一心得等等。

　　這一點在股評界也叫做：基本面分析。

　　在某些莊家（能操縱一檔股票價位的大資金擁有者）看來也叫做：趨勢。趨勢向上是牛市，趨勢向下是熊市。

　　在「數浪專家」看來也叫做：上升浪和下降浪。上漲五浪是牛市，下跌三浪是熊市。

紛繁理論，無非只是斷定市場「氣候」現狀和走向。人們造出「牛市」、「熊市」簡單易懂、十分形象的詞來——牛打架時，牛角總是向上挑，而熊進攻時，總是向下拍。

　　其實，不是說所有的人都要懂得這一大套理論，我們周圍也經常發現不懂得理論，但很實際很樸素的運用這一理論的人：

　　1993年，有個在股市門口看自行車的老太太，因為常與來寄放車的股民聊天，於是她開了戶，繼續在門口看自行車。久而久之，她發現自己看的自行車少了，沒有什麼人來股市了，就去買一些股票，肯定便宜。一旦到了自行車擠得滿滿的，幾乎放不下時，就去把股票賣掉，收益十分可觀，連給她報單的交易員都十分羨慕，以為有高人指點。最後，在大家的求教下，她敘說了這個「自行車原理」。

　　她無意間發現並應用了股票市場的「冷」「熱」變化。

　　老太太是看自行車的，而我們則各有各的行業、愛好和交往，只要用心去觀察，都能從中發現股市氣候的蛛絲馬跡，這種對股市冷熱的判斷的方法應該是無窮無盡的，你用哪一種合適呢？只有你自己發現的方法，才是最合適的方法。

我向朋友推薦入市買股票，經常選在冬末（熊末），希望朋友們能感受一下股市的嚴寒之後不久，就能經歷春天。若是看到別人樹上的果子已被採摘了，才想起來自己要播種，紛紛來到這個市場，往往選了最不適合播種的季節──冬天。股市的冬季漫長、熬人。

股市遊戲第一定律：「牛市＝贏利」、「熊市＝虧損」兩者一樣重要。但在某種意義上，能認識到「熊市＝虧損」更為重要。

我所經歷的三次牛市

牛市是股民的天堂。

中國證券市場可以說經歷了三次牛市：第一次1992～1993年；第二次1996～1997年；第三次1999～2000年。

在牛市裡，基本是100%的人贏利。贏利的多少與每次牛市行情的大小、特點等都有關係。

● **第一次：1992～1993年**

1992～1993年牛市，經歷過的人都會一輩子難忘。因為當時股市制度是T＋0，今天買的股票可以今天賣，也沒有漲跌幅度的限制。再者，股市上的股票也很少，只有幾十檔。

當時，每天的行情上下振幅十分巨大，1992年11月底的一週竟然上漲了50％以上，接下的幾週漲幅也在10％以上。

我在1993年5月用2,000多元買賣「愛使」，進價是23元僅幾天時間以28元賣出，其差價在5～6元。

我在1993年9月底開戶，當時已經是牛市1,500點回檔到800點的位置。僅10月底至12月初的一段下跌後反彈，我就贏利了30％。

在那一個多月的時間裡，有幾件事情讓我終身難忘。

某一天，「興業房產」的成交量超過了它的流通盤（指可以在市場上流通的股份量數。中國絕大多數上市公司有不能流通的「非流通股」）。這使得一位持「興業房產」的大嬸很得意，她說：今天興業的股票全流通了一遍，只有我這手上持有的2,000股沒動。

其實這種現象是當時炒作得太厲害，很多人一天做了幾個來回，全部積累就超過流通股的成交量了。

現在這種事件絕無可能再發生。因為中國股市已實施了T＋1制度，即使今天所有的流通股全被買了一遍，成交量也只能等於流通量，絕對不可能高於流通量。

後來，有一位碩士，把成交量最瘋狂那幾天的「興業房產」分時圖擺開計算，把每天的高低點找出，並在低點買、

高點賣，全倉殺入殺出，計算出一個最佳收益的理論值。得出這樣的結論：投資1萬元，做對每一個小波段，一週後，你就擁有1億元。可見當時機會之多。

就在那段時間裡，我曾經歷了「申華」從20多元在一兩天內暴漲至70元的過程。當時，我於29元買入三手「申華」，並沒有在意它的漲跌，之後，聽說它到了70元，十分驚詫，第二天就興沖沖的去拋它，就只拋在44元。整個事情發生在一週之內。牛市裡機會很多，但機會的大小不盡相同。

● **第二次：1996～1997年**

在1992～1993年的牛市裡，機會可謂十分之大，但在1996～1997年的牛市中就不像之前的牛市機會大。這是由於1996～1997年時股市規模已經擴大了，不像1993年時股票只有幾十檔，這時的股票已經有幾百家，雖然在漲的過程中，每種股票漲幅大小不盡相同。不過總體而論，1996～1997年的牛市波瀾壯闊還是頗為壯觀。

當時，由於1994、1995年熊市跌幅很深，股票價格全擠在10元以內，大部分股票股價在5元以下。基金在1元附近。

1996年的銀行年利率高達10.98％，3月銀行宣佈降息，

股市應聲而起。率先上漲的是「深發展」和「四川長虹」：
「深發展」從6元多漲到20元，1996年5月10股送10股（指分
紅時，每10股派送10股）後，又從10元漲到了20元，複權
（指不考慮分紅因素，以現在的股價為準的一種計算方式）
後價位達到了149元。

　　當時，牛市剛剛開始，出現了一些名噪一時的股評家。
我印象最深的是「陳鋼」，他號召所有的人「砸鍋賣鐵買股
票」，當時，他的決策是正確的。

　　全國的股民在當時也興奮起來，所有的人盯住了「深發
展」、「長虹」的走勢，操作著自己手中的股票。於是大盤
活躍起來，個股此起彼伏。2元的漲到5元，3元的走向8元，5
元的都上了10元，總之所有的股票都有不同程度的大漲。

　　龍頭股「深發展」和「長虹」更是一路上揚，中間雖
有幾次十分淺的回檔。但從1996年3月到1997年5月，「深發
展」從6元上升至49元，計算上10送10的因素，實際上升至98
元，股價上升了16倍。四川長虹從7元多升至66元，其間10送
6，實際上升至105元，股價也上升了15倍。基金從1元多漲到
3～4倍。

　　有了過去降息引發股市大利多的經驗，當時股市每每
遇此類消息都要興奮一下，一些中性的消息也被理解為利多
消息，一些本應是利空的消息也置若罔聞。1996年下半年，

管理層擔心股市的非理性會給股民帶來傷害，發出了一道又一道的降溫「金牌」，希望大眾冷靜，但是，初有股市的幾年，初嘗牛市勝利的股民如何能冷靜？何況中國人做事向來是行動一致，甚至可以形容是「一窩蜂」的，只要上面說股市很重要、股市不關，人們就會將其解讀為：國家鼓勵買股票！股民們就會立刻行動，很多人在那個時候根本不在乎自己會不會、懂不懂，反正買了再說。

當時的股市確實受到政策的導向影響很大，人們稱中國的股市為「政策市」。也就是政府政策大大的主導了股市的走向。然而，當政府發現股市過熱而企圖降溫時，一連公佈了八道「金牌」卻還是起不了作用，當時的股市已經瀕臨失控的局面，不管上面說什麼，股市仍然我行我素的上漲。

後來，人民日報在當年12月16日發表一篇社論，給了全體股民一個狠狠的教訓。社論的主題是批判股市現有全民炒股狀態，「連賣雞蛋的老太太都買賣股票」。當天股市所有的股票封在跌停。

而10%的漲跌停制度也是那篇報導的前一週剛剛公佈。就這樣，連續三天，所有的股票連跌了3個跌停。這種情況在全世界的股市歷史上也是絕無僅有。接著是股民們怨聲載道。有些遲入市的股民更是一入市就被套，十分難以接受。

所幸股市於1997年上半年繼續走牛，並創出了新高。

這一輪，讓管理者和許多股民成熟了許多。

● 第三次1999～2000年。

到了1999年的牛市，市場較前兩輪牛市要平穩和理智了許多。這輪牛市以科技股為龍頭，科技股升幅極為可觀。以「清華同方」為例，1999年5月～2000年2月，從25元升至72元，其間10送2.65、10送3，漲幅也有4倍。

此輪牛市中，科技股、重組股（公司有重大的股權變動）成為最活躍的板塊。為了讓股市有炒作題材，有幾十家上市公司甚至改名為「XX科技」、「XX高科」、「XX高新」。

有一陣子，市場風行網路股。只要有公司傳出要進軍網路，或投資搞了個網站，股價就一路上揚。

據說，有幾位重倉持有某公司股票的股民，聯手找到上市公司的老總，帶著幾十萬現金白白給公司，要求公司投資網路專案。

其目的是：一旦傳出上市公司投資網路專案股價就會上漲，而這幾位股民在股票上漲中的獲利遠遠高於這幾十萬元現金。其實，當時搞個網站，費用僅幾千元，小規模的網

站,維持費一年幾萬元費用就夠。但這種概念到了股市中,就會被10倍、20倍、甚至100倍的放大。因此,莊家在這一輪牛市中,從大家認可的「科技」題材中製造出了許多「概念」,每製造成功一個概念,即有一批人美美地贏利。

無疑的,在一輪牛市中,資金實力雄厚、想像力豐富並成功製造概念的莊家成了領頭軍,直領大盤奔向2,200點。在這樣的環境中,股民們多多少少都贏了利。緊跟莊家、抓住熱門股的獲利在100%以上,持有一般股票的也有20%～30%的獲利。那些少數沒把握好買賣價位的,也大都可以持平。

牛市是股民的天堂!

如果你一入股市,正好趕上牛市,無論你是什麼學歷,是搞哪一行業,是聰明是笨,是老是少……只要買入,獲利就是指日可待的事情。魚群來到時,無論你是優雅地釣魚,還是用大網網魚,還是用魚叉叉魚,還是下水捉魚,都能得到魚。在牛市裡,往往不太懂得股票,沒有風險意識的人能獲得超乎想像的收益,因為他們無所畏懼也就無所顧慮,在理智的人無法接受的股價上,敢於大膽持有並獲得直接到浪尖上的收益。

如果說牛市之初是理智的,那麼牛市中段就是想像的,牛市的尾段就是瘋狂的。

我的牛市操作建議

最高境界的操作：從頭到尾多做領頭羊（「領頭羊」意即，在股市上漲時，那些在漲幅上領先很多，很受大家關注的股票。）。

基本辦法：追蹤領頭板塊，多做領頭羊。

總體上最佳倉位設計：60％資金投資自己選中的長期標的，40％資金堅持追蹤熱點。

具體辦法也應隨著形勢變化而改變。無論市場如何，我們所需要做的事就是時刻保持理智的狀態，把利潤擴大到最大。

● 第一：牛市之初勇往直前

此時大家還陷在熊市的悲哀之中、信心不足，絕不會猛漲。因為大家都十分謹慎，生怕被套。因此，如果有一天突然暴漲，從底部上沖上一根巨大的陽線絕不是牛市的開始。中國股市歷史上有著名的1995年5.19行情和2002年的6.24行情，都是當時跌幅過深的超跌反彈，造成幅度巨大的原因是突發的政策因素，但這種突然的大漲不會是牛市的開始。

跌幅和時間上都超出想像，在哀聲遍野怨聲載道的情況下，政策、經濟等基本面明顯轉好，而股市只是止跌，卻猶

豫不漲；在政府對股市極盡呵護、改進管理、指定有益股市
發展的政策時，本應是利多的消息，卻被理解為利空；有一
些先知先覺的個股開始活躍，但大多數人還是在觀望，心裡
還是想著「我要是解套了就離開這鬼地方，永不炒股……」
人們的心態依然謹慎。

　　牛市之初，活躍的多是績優股。因為經過了熊市的洗
禮，人們會理智地分析公司價值和股價的關係，會謹慎地分
析每投一分錢是不是值得。在這個階段，績優股顯得有說服
力，「業績是股市永恆的題材」會多次見諸報端。

　　牛市之前往往是漫長的下行之後，在這段緩緩的上升途
中，必然會有一個重大的利多，引發人們信心聚集，成了點
燃行情的導火線。

　　這個重大利多是什麼？會由哪個因素或事件決定？沒
有一定，不過，它是必然會出現的！這是因為證券市場的走
勢是有規律的，沒有永遠上漲的股市，也沒有永遠下跌的股
市。大盤從時間到空間跌到一定的程度，牛市產生的條件也
就隨之積累到一定程度，也就是說牛市產生有它的必然性。
哲學上說「量變」積累到一定程度會產生「質變」，而我們
所說的那個點燃牛市的重大利多是最後的量的積累正好達到
質變的一環。因此，重大利多總會出現的，至於大利多是什
麼，歷史會有驗證。

因此牛市之初的操作策略：堅定持股信心，選擇自己有信心的績優股，逐步建倉，在大盤明朗之前起碼要有40％的倉位。要做到不怕套、套不怕、越套越買。

巴菲特曾說：我們只是設法在別人貪心的時候保持謹慎恐懼，唯有所有人都小心的時候我們才會勇往直前。

牛市之初，能夠持滿倉的人是將來的贏利者。

● 第二：牛市中段瘋狂操作

牛市中段是獲利最可觀的階段。股民的信心被激發起來，人們忙碌地選股，暗中計算著目標價位，活躍的人們開始動腦筋怎麼去融資，或者向親友集資、或者把定期存款取出，或者是勸說單位領導投資股市。

當時，市場相當活躍，熱點（大家所關注的熱門股票）此起彼伏。人們沈浸在獲利的歡樂之中。只要發現哪一熱門板塊回調兩三天就堅決殺入，幾天後就帶著5％～10％的收益拋出。這時，人們忙著學習技術指標，忙著聽股評，操作節奏把握得好，獲利就會事半功倍。

那些宣揚自己業績如何好的股評家，多數是把股市中段的業績拿出來給人看。其實這一階段，即使是一個普通股民也會有很好的收益率。但我們應該很清醒地認識到：這些巨大的收益絕不能歸功於自己的操作水準。因為這些收益是牛

市的機會帶來的，牛市給了人們一個拾金子的機會，我們才拾到了金子。

前面我們提到：牛市最高境界是從頭到尾多做領頭羊。如果我們能達到這樣的境界，在牛市中段是勿需忙的，只要保持住領頭羊不需要操作，安靜等待不盲目進出將是獲利的最大模式。

但是在牛市中段，基本沒有人能做到這一點。因為沒有人相信不忙能獲得果實。忙一點，每天可以摘到果實，很幸福，很快樂。

因此，如果達不到操作的最高境界，瘋狂操作也無妨，在牛市裡既獲利又贏得快樂，體會牛市的美妙。

● 第三：牛市末段──逐步減倉，休息

牛市末段，大盤會維持「瘋狂」的股價，那時股價遠遠超過人們預先認定的價值，但人們還是「不由自主」地認定必有「傻瓜」會接更高價格的股票，於是還會「戀市」不肯撤退，而這種狀態在理智的人眼裡，可以用這樣的詞來形容：刀口舔血。

父母總是教誨：做事趕早不趕晚。

牛市瘋狂之前，在牛市中段，我們要提前瘋狂──瘋狂的操作。在牛市的末端，真正的瘋狂來到時，我們反倒要平

靜，要理智，逐步減倉，見好就收，把果實藏好，準備「過冬」。只有保存了牛市的戰果，才真正算是勝利。

不要去期望「瘋狂」會持續下去。相反的「瘋狂」在歷史上沒有一次不帶來「原路返回」的熊市後果。

減倉，除了減倉沒有任何的辦法。

心理上，讓自己學會休息，休息不是沒有工作，與許多朋友一樣，我也曾感覺只要有閒餘的資金、只要幾天不操作，就感覺像是「失去了工作」，心裡、手上總是癢癢的，總想行動。其實，在牛市之末端，只有休息才是戰略上最優的選擇。「休息」決不是簡單的「停止」，在牛市末端，會休息的人是充滿足夠智慧的。

熊市是什麼樣子--以美國為例

熊市是什麼樣子？讓我們先看看美國的二次熊市經歷：

美國於19世紀因為運河的修建，鑿通了南北交通，大大地刺激了經濟的發展，股市也迎來了美國歷史上第一個大牛市。當時紐約一派繁榮景象。從1820～1860年的40年間，紐約人口從十幾萬人增長到一百多萬人，紐約對外貿易也於同期內從占全國9%增長到62%。那些年間，紐約市，特別是曼

哈頓區，日新月異，從城市面貌到經濟貿易都以令人吃驚地速度發展飛躍，大量的資金從富裕地湧來，投資的人、投機的人躍躍欲試，華爾街的股市牛氣沖天。10美元的股票被炒至180多美元。有關交通、金融的股票被炒上天價。

於是，人們借錢、貸款，把錢投入股市，期望更多地獲利。但是當大家都這樣做時，政府感到了危機——當時的銀行貸款同期增長了4倍，經濟熱、股市熱、房地產熱，使得貸款有不斷擴大的趨勢。資金被投在虛幻的泡沫上，泡沫越來越多。政府連忙採取一系列措施，收緊銀根。

接著，股票市場因為沒有資金的推動而下挫，第一個最大的牛市引發了第一個最大的熊市。許多外國投資者紛紛撤資，股市中的公司傳來破產的消息……人們的信心被摧毀，紛紛慌不擇路拋出手中的股票，連最熱門的運河股票也下跌50%以上，債券幾乎變成廢紙一般。經濟下滑，股市暴跌，危機遍及全國，90%的工廠破產，商業冷落，證券商和證券投資人是最大的受害者。

另一輪牛市熊市，美國人現在還記憶猶新：

世界第一次大戰使美國成為最大的受惠國。一戰後，美國迅速崛起，成為世界第一強國，全國電力、公路建設、汽

車、鋼鐵、橡膠帶動整個經濟增長，1920年代，美國經濟增長了50%。具體到股市裡，從1920～1929年，道瓊斯指數上漲了4倍多。華爾街市場上的投機之風愈演愈烈：小銀行可以從中央銀行以5%的利息借到錢，小銀行再以12%的利息把錢借給經紀人，經紀人再以20%的利息放給炒股人。

每到泡沫積聚到令政府不安之時，熊市也就來了。

1929年是美國股市的災難之年。股市開始崩盤。到1932年指數跌到41點。與1929年的高峰相比，下滑了將近90%。此後用了20多年的時間股指才超過1929年的高點。

1930年代初，經濟一片大蕭條，數以萬計的銀行宣佈破產。1930年國民生產總值較上年下降50%，失業率高達25%……

看到美國200多年來大大小小的牛熊市，就不難理解這個國家期望經濟持續發展所採取的種種手段、措施。就不難理解葛林斯潘為什麼成為美國家喻戶曉的人物，不難理解美國人民對他的熱情程度遠遠超過了總統。他天才的理論和調控手段，使美國經濟持續增長十幾年，多次化解了經濟過熱或衰退的產生，實實在在的影響了美國，影響了世界。

我們喜歡牛市，但牛市依附在經濟發展下；我們喜歡經濟發展，經濟發展給我們帶來長久的牛市。我們不要瘋牛，

它總是衝動地超過了經濟發展的水準，並在最後把整個經濟也拖下了水，瘋牛會把經濟發展的水準倒退幾十年。

我所經歷的三次熊市

1994年，有一位交易員朋友給我講敘了他的一位客戶的故事。那是一個擁有百萬元的客戶，年紀不過35歲左右。當時已經是熊市進行了一段時間，這一天交易員見他很早就來到股市，樣子和平常一樣，可是那天股市盤整了一會兒忽然下挫，這一天市場受恐慌性賣壓一路下跌，臨收市收在了全天最低點。

令交易員十分驚詫的是，早晨頭髮還是烏黑發亮的小伙子，下午三點收市的時候，頭髮竟變成一團灰色，凌亂不堪。按交易員的話說：我真不敢相信，幾個小時就能把一個人折磨成這樣——一下子老了十幾歲。

交易員後來瞭解到他的帳戶損失了75%。

幾乎別無例外的，漲勢在市場中積聚了一段時間、積聚了可觀的幅度，股票價格遠遠偏離了公司的價值。如果人們仍然不切實際地向更高的地方夢想，後果通常會很慘，因為此時股市正醞釀著一輪熊市。

每一輪向上的暴炒，終會用下跌來表達代價。牛市是人們嚮往的，但是如果牛市發展成為一頭瘋牛，它的代價是巨大的、慘痛的。

　　中國改革開放只有十幾年，歸納起來大約經歷了三次熊市，當然這三次熊市難以與美國的大熊市相提並論，我想，如果中國的股市發展到100年的時候，再來回顧這三次熊市，最多只能算是開設市場初期的震盪或是大牛市中的幾次反彈而已。以下，我們姑且用微觀的角度將向下比較劇烈的震盪為熊市。

　　我經歷了三次熊市。

1994年～1996年初：
1997年下半年～1998年末：
2001年下半年～2003年。

● 第一次：1994年～1996年初

　　1994年初，我賣掉所有股票，進到STAQ法人股市場（STAQ是90年代一家交易「法人股」的場所，現在已經關閉）做交易員，當時只感覺自己已經遠離了深滬股市，直到有一天，STAQ市場裡也連接上了深滬股票交易系統，一些客戶和券商開始在那裡操作深滬股票，我才得以看到行情。

　　1993年底大盤指數在1,000點左右，到了1994年7月大盤指數最低到了325點。市場上，人們持有的股票價值均下跌了60％以上。在這7個月中居然連個像樣的反彈也沒有，而相類似的暴跌慘狀只有2001年6月至2002年1月的7個月可以與之相比。

　　在那時，報紙上關於股市及股市引發的事件很少刊載，所以從正規的管道很少知道有什麼炒股人的辛酸故事，只是在業內流傳著一些故事，到現在我也無法證實是否真實。

　　據說，一股民向所工作的單位借了2萬元，買入「延中」（現在的「方正科技」），價格在14元左右，過了幾個月，股價一路下滑，當價格跌破6元時，他的精神被「最後一根稻草」壓垮，想到無力償還債務，他選擇了自殺。而令他意想不到的，也是我們感到最遺憾的是：僅在兩個月以後，股價又因為大盤的強勢反彈回到了14元，甚至15元多的價位。

　　人們議論集中於三點：

　　第一，他不該借錢買股票。

　　第二，他趕的時候不好，晚幾個月買就好了。

　　第三，他多等一段時間好了。

　　這件事給我很深的影響，我一直不敢借錢炒股，即便

是牛市，我也會留一部分資金周轉。如果有朋友希望我為他炒股，我也會告訴他：股市有風險，能承受多少就做多少，不要用急用的錢做股票，因為不是所有人入市的時間都那麼巧，做股票有時需要漫長的等待。所以，急用的錢、借的錢都不合適。風險和收益是相伴隨的。

熊市總是令人難熬的。

熊市裡的市場很寂靜。每日成交量少得可憐。記得1995年底我剛入市時，市場裡沒有幾個人，到處都是空位子。再看看上海、深圳的股票，上海每天成交八、九億，深圳每天成交三、四億，有一天深圳市場只成交了兩個億。和現在相比，那時一週的成交量只有現在半天的成交量。現在深圳市場即使每天只成交20億，也會被專業人士認為是地量。無論是哪一輪熊市，地量的日子，人們都在缺少希望中煎熬。

● **第二次：1997年下半年到1998年**

1996年股市在「深發展」和「長虹」帶領下，走出了一場波瀾壯闊的牛市行情，大盤指數由500點上漲到12月份的1,250點。其間，「深發展」漲幅超過700％。最吸引人眼光的是10月份的一天，「東北電」當日漲幅超過100％。那年12月份之前，幾乎沒有人賠錢。

同年12月16日人民日報的社論刊出，股指從週一到週三

連續三天跌停。管理層的這種潑盆冷水式的降溫方式遭到股民普遍的抱怨。

　　但抱怨歸抱怨，在1997年初，股市還是不可抑制地漲起來，逼得管理層又一次出手降溫股市：第一，提高印花稅；第二，擴容（股市不斷的有新的上市公司上市，數量愈來愈多。）用市場的辦法讓市場降溫，許多股民知難而退，股市因此走入了漫漫一年多的熊市。股市裡的信心是這樣容易累積起來，又是這樣容易消散而去。大盤從1997年中的1,504點下跌至98年底的1,195點。

　　以「深發展」從47元下跌至22元、「長虹」從62元下跌至30元（以上均採複權價計）為例，都下跌了50％。如果當時沒有及時拋出，那麼1996、1997年買入股票的人，均是帳面富貴一場，繞了一圈終於回到了起點。周圍的朋友在不同的時期忍痛割肉，雖然這次熊市僅下跌了20％，幅度相對不大，但習慣於1996、1997年牛市操作的朋友，來來回回進出多次，損失也是很巨大的。

　　在1997年，我頭一次聽說有的證券公司提供給客戶透支（指的就是融資。也就是提供投資人資金買股票，但這種方式在中國到目前為止仍是不合法的），並把透支作為一種特殊服務，向有關係的大戶提供。我的一個朋友被吸引到一家可以透支的營業部，做了大量的透支，我想在1997年上半年

贏利尚可，在下半年就極為難受了。因為提供透支給客戶的證券公司也扮演了「晴天送傘、雨天收傘」的角色。

1998年時，股市的規模已經很大了，即使是淡季市場，滬市還有二、三十億的成交量，入市的人也已經有上千萬。更多的人感受到了下跌的傷害。但更大規模更深的傷害還在後面──2001年爆發的熊市。

● 第三次：2001年下半年～2003年

2001年的熊市一直蔓延到2003年11月，這場寒冬極為寒冷，根據一項調查指出，平均中國的股民有90％以上的人賠錢，而且賠錢的人中60％以上賠了一半以上。

眾所周知，2001至2003年這次的熊市是由於「減持國有股」（想把國有股賣掉，就是「減持」。但是「國有股」目前是不允許流通的，所以在賣出價格上就有爭議。如果大家覺得很奇怪，既然這種股票不許流通，為何又有出售價格時的爭議呢？可參閱第76頁內文）直接導致的。

中國政府宣佈「國有股減持」之後三個月內大盤從2,245點下跌到1,600點，跌幅達30％，市價總值損失了1.8萬億元，流通市值則蒸發了6,000億。眾多機構、券商、諮詢機構資金被擊垮，虧損達30％以上，險些引發一場證券公司、企業、銀行的各類危機。

但股市中的「災難」在短時間內無法控制，失去信心的人們又在幾個月內把股指拋向了1,300點。

2002年6月，終於傳來停止國有股減持的聲音。鬱悶已久的股市在一天之內齊刷刷漲停，這就是著名的6.24行情。然而好景不長，繼而又是綿綿不絕跌聲一片。

以我的觀察，2003年11月就已經告別了熊市，但牛市初期人心總是最不穩定的，在一些外力的作用下，明明已經擺脫的熊市但還是看得到很多熊市的特徵，甚至創下新低，比如2004年4月以來的暴跌。

我的第一本有關中國股市的著作「魚來了」簡體版於2003年7月在大陸發行，當時我就把我的觀察所得分享給讀者——股市寒冬已過，佈局下一輪牛市正是時機。

現在，時序已進入2005年4月，我的觀點是現在已經是牛市初期了。

若再進一步分析，可以看得到目前「牛市初期」的所有癥兆都出現在目前的中國股市上，包括經濟發展、政策利多……牛市的產生有著足夠的條件，許多看空的理由在漸漸失去說服力。至於股民們的反應，則是大盤在猶豫漲升、人們操作十分謹慎。凡此種種，幾乎是牛市初期的所有現象的具體表現。

我的熊市操作建議

我曾經聽說過這樣一個故事。

有個和尚，奉命為寺裡買些股票。他的修為很高，但哪裡懂得股票。於是他去問那些善男信女們關於股票的事。善男信女們說：「股票下跌了，我們賠慘了！現在很痛苦！」和尚驚訝地說：「股票為什麼下跌呢？」善男信女說：「我們只想著賣，但沒有人買，就跌成了這樣！」和尚說：「原來是這樣，因為沒人買使你們痛苦，我來買！我不下地獄誰下地獄！阿彌陀佛。」和尚毫不猶豫，滿倉買入。一年以後，善男信女們又在議論股票，和尚好奇地來問：「你們為什麼這樣高興？」善男信女們說：「我們追著買股票，股票漲了，股票讓我們贏利，贏利讓我們高興！」和尚也很快樂，說：「喔，原來是這樣！既然大家都在為買股票而高興，我怎麼好獨佔了這麼多快樂，不如把這些股票都賣掉，只當做布施。」那一年，不懂股票的和尚成為了贏利明星。

● **熊市初期：減倉，調制風險**

熊市的前段，往往是跌得又快又深。如果能避開這一階段，那麼以往的勝利果實便可以保護住。

判斷這一階段，尤其是從牛轉熊的轉折點，是比熊轉牛點的判斷更重要。賣點比買點難尋得多。

股市中有一句諺語：會買的是徒弟，會賣的才是師傅。

當股市持續上升很長時間幅度累計很高時，就要提高敏感度，觀察股市裡有沒有出現不理智的現象。比如不惜借20%左右的高利貸炒股；再比如有沒有股票狂漲出了人們的「想像力」；另外，平均價、平均市盈率（股價/每股收益）等等這些指標是不是均上漲了一倍以上，有沒有股星（泛指知名的股評專家）們會推斷股市將再看漲500點、1,000點等等。

我們的敏感有助於我們控制風險。

一旦有上述情況，就減倉。問題嚴重就多減些，問題小就少減，政府一旦提出降溫政策，基本上就要出局了。

用倉位增減來調控風險，是我做股票多年最有心得的做法。因為：

第一，沒有多少人進入了股市後能夠再出去。意思是只要是做過股票的人，就不會輕易離開股市。不離開股市，就免不了要操作股票，沒有人能讓現金在那裡閒置著。那麼就給自己制訂一些紀律，用倉位多少來調控，世道不好，持倉少，這樣既能通過少量的操作，保持對股市的敏感度，又能少損失。世道明顯好的時候，持倉增加，放大利潤。

第二，沒有人能準確地判斷真正的轉折點，那麼倉位的控制就顯得尤為重要。當牛市積累了過多的漲幅，擔心熊市會來到時，沒有人可以準確判斷熊市何時要來，因為牛市漲幅到底多少才算是瘋呢？是50%、100%、還是200%？歷史上毫無定論，如果我們認定上漲50%就到頭了，把股票清空，如果牛市走出100%的上漲行情，不是錯失贏利的好時機，只吃了個魚頭嗎？如果我們認定上漲100%就到頭了，那麼遇到臺灣1985年～1990年的股市，從600點上升到13,600點的牛市，就會感覺到被軋空，連魚頭都沒有吃到，只吃到了幾根魚鬍鬚。

我們無法判斷牛市之高點，所以，最好的方式是以倉位多寡來調控。如果股市上升已經超過了我們的預期，不用馬上離開，應較理智的減倉。例如：大盤已累計升幅達50%以上，如果感覺有點高，就制訂計劃，從現在開始，每上升10%就減倉10%，直到減至50%的倉位。保持50%的倉位，直到大盤走勢出現了頭部特徵，政策上也出現為股市降溫的徵兆，再迅速把倉位降到10%左右。

● **熊市的中段：慢和看**

熊市的中段是極為漫長的，它之所以漫長，也是人心裡的感覺使然。因為熊市之初的暴跌給人們造成巨大損失，

沒有人不想很快的「撈」回來，但事與願違，巨跌之後是陰跌（慢慢地跌很長的時間），每次反彈給人們以希望，但反彈總是不能持續，大盤會繼續下跌，在毫無漲戲的日子裡等待，等待總是漫長的，但若我們回顧歷次熊市，中國的熊市其實時間並不是很長，1994年1995年的熊市持續了兩年，1997年下半年至1998年的熊市只有一年半，而且這才兩次熊市的中期都有不小的反彈行情。在這個意義上看，2001年下半年走入熊市已經有兩年，算是中國證券歷史上最漫長的熊市了。

熊市中段的最佳做法是慢和看。現金在手的不急於出手，慢慢看，耐心可以避免很多損失。而持倉的朋友最關注的是如何操作，此時的持倉如果是滿倉的話，應該不惜代價把它減至半倉。

如果是按熊市之初的倉位調整到了10％的倉位最佳。一定要在一定時間內保持這樣的倉位。

接著，不斷審視自己的股票是不是經得起分析，無論從行業、業績等方面，如果有問題，就找一個自己認為最有信心的、價格相仿的股票進行換股。或者把自己以前存留的多支股集中換成一支股。

一個老人家的炒股手法，值得我們效法：

他於高價位買入一支股票，之後他每天觀察這支股票，後來，進入熊市以後，他的股價被套住了30%。但在漫長的熊市中期，他開始嘗試著以降低成本的辦法解套，他天天看盤，在大盤稍有反彈，他的股票向上升3毛時就賣掉一半，然後等下降6毛時再買回，以買回價上升3毛時再賣掉一半，以賣掉價下跌6毛時買回，比如操作持續了八九次，居然已經將自己的股票成本降低了20%，幾乎解套。

● 熊市尾段：入市的極佳時機

在熊市的尾段，是入市的極佳時機。那時大盤已經十分清淡，大跌已經過去，陰跌也持續了很長時間，人們變得十分脆弱，一有風吹草動，就會出現恐慌性拋出，從分時走勢圖上可以看到有持續3至5分鐘的小跳水（當天的突然大幅下跌）。

而作為投資者，此時的股票價格是低之又低，無論是做長線還是做短線都是有機會的。

又因為牛市沒有來到，大部分的機構莊家（大規模操作股票的公司）都沒有行動，那些熱錢（市場上的游資）都是在股票開始上升後才急忙加入的，而大部分的散戶總是聽說股市漲了、有獲利效應後才紛紛去開戶。因此，作為中小投資者，總是趕個晚集。而有經驗的投資者應該提前介入。

巴菲特說：在別人十分謹慎時，勇往直前。巴菲特出生於1930年，正是美國剛剛爆發最大的一次熊市之際。而這一次的熊市經歷了20多年才恢復到1929年的指數。巴菲特於11歲開始他的股票投資，入市時正好趕上了熊末牛初。他喜歡買入並持有，經常一年做一兩次交易。而這種近似懶惰的長線投資正好適合他所在的那個經濟恢復並增長的年代。

　　讓我們回到現在，回到這個已經結束漫長熊市。

　　誰能抓住這隻牛頭，誰就將成為勝者。

● 熊市操作法

　　熊市裡，股票下跌嚴重，市場交易不活，但證券市場裡不是一點機會也沒有。當牛轉熊之際，我們如果拋出股票，變成現金以後，還會有許多機會在等待著我們。

　　1.股票反彈的差價

　　1994年，股價嚴重下跌至325點，我跟朋友壽哥心裡明顯感覺一輪強勁反彈即將展開。當時我在當公司的交易員於是斥資往上海，大筆買入A股。當時的點位（大盤指數）在300多點，僅兩個星期，股指上升到700多點，我們立即結束戰鬥，當時獲利已經相當可觀。多年後，回想起這一段，我們還興致勃勃的談起其中一天為公司獲利600多萬的戰績。

　　2.國債、企業債、新股申購等其他標的。

資金總是追求高利潤。熊市來了，一些莊家機構拋股後留下了現金，這些現金不會總是讓它停滯在那裡，一定會進行理財活動。有的選擇國債、有的選擇企業債（公司債），穩定的低收益總比放在帳上不作為好。因此，1994、1995年，當時熊市來臨，做國債很流行，有的國債上市後幾天內升值了10％。而1997～1998年的熊市裡，人們發現新股申購反而是一種穩贏的投資，一年能獲得20％的純利潤。

3.法人股市場、期貨市場、香港H股市場等其他市場。

1994～1995年A股低迷，法人股熱門，有的1元法人股一經流通交易，最高炒到8、9元。期貨在當年也因過熱而導致整頓。2001～2002年A股再次低迷，但深圳B股、香港的H股則爆漲，儼然走出牛市行情。

4.在熊尾最後一跌撿到極便宜的籌碼。

我們應該認識到牛市→熊市→牛市→熊市是股市運動的規律，就像白天和黑夜、就像春夏秋冬的變化規律一樣。黑暗和冬季可能淘汰很多人，但同時也造就了很多股市真正的適者，所謂優勝劣汰，適者生存。

我的看法與經驗

在股市多年下來，我發現：無論以前在多高價位買的股

票，只要時間留得足夠長，基本上在下一輪牛市中都會有解套的機會。當然現在已經有了退市機制（嚴重虧損的公司會被特別處理冠以：ST；如果沒有改善就會被強迫下市）就不能這樣認為，因為有可能踩到地雷股就會血本無歸。

另外，如果你所持有的是一些被莊家惡意（用欺騙、引誘等手法）暴炒至高點的股票，很容易因為資金鏈斷裂、營運問題暴露導致股價一落千丈，這就會無法翻身。

股市上有那麼多的股票，每個股票代表一個公司，我們有充分的選擇權。選擇時，我們首先要避開那些已出現虧損預警的公司，其次避開那些在媒體上四處「講故事」、宣揚「獲利神話」的公司。

我們可以從行業、從財務報表、產業與經營發展情況、從最近公司的公告……選擇較好的幾家公司來關注。

在價格上，無論用市場比價還是用市盈率來推算公司的價值，都是一種正確的做法。這種方式比聽別人推薦、不顧價格高低殺入股市還強過100倍。

有不少朋友入市的時候正好趕上牛市之末，贏利的日子很短暫，之後就被漫長的熊市困擾住。如果在選股上沒有落入「陷阱」，在一輪熊市中即便下跌50％，在下輪牛市中也有解套獲利的希望。

第七章

我如何選股與尋找買賣點

買入股票應該選在熊市之末,

那是股價最低時期;

賣是相當有學問的,

而賣出只要是有機會、有紀律、主動賣出,

都是合格的。

一個漁者和一個種植者在一起聊天。

漁者說：那水中的魚是多麼的狡猾！牠們才不可能輕易地被釣起！除非是氣候對了，大的魚群來了。

種植者說：我們也是一樣。要想穫得好的收成，先要看氣候，是不是適合播種。

漁者和種植者有深深的同感。

漁者和種植者交流著經驗，其中一些方法都是相通的……

種植者說：除了看氣候以外，選種子也很重要噢！飽滿的種子種出來的葡萄又大又甜！

漁者高興地說：是呀是呀！投下香的餌料總是能夠釣到更多的魚兒！

種植者侃侃而談：當發現「選種」帶來的收益大增，我樂瘋了，發誓要把這項工作進行到底。但不久以後，又發現同樣是顆粒飽滿的種子，種植的方法又不同，收穫的方法也不同！像種西瓜，就是種一次種子，等一次收穫，再種一次，再收穫一次，收穫的時期比較短。如果是種葡萄，種一次就可以每年都收到果實，收穫的時間比較長遠。我喜歡吃西瓜也喜歡吃葡萄，但種植上還是種葡萄比較有效率。

漁者更是津津樂道：放短線釣小魚，放長線釣大魚，釣到小魚大魚我都高興。可是漸漸的我發現有的時候釣到一條

大魚比釣到十條小魚要更耐吃，而餌用的更少一些，所以放長線釣大魚，很好很好……

在牛市裡，大家都在獲利，好的方法，能使獲利增加很多，在平淡的市場裡，好的方法能使資金減少風險。

各行業做到顛峰的人，說起他們的事業也會有深深的同感——房地產、股票、期貨、建材……都有其週期性。因為決定它們冷熱的經濟本身就有週期性，是人為無法抗拒的。我們只有順勢而為，並充分用好各自的「方法」，才能盡可能的擴大利潤、減低風險。

在股市裡，方法＝效率，其中包含的第一個意思就是：選股的方法能夠提高獲利的效率；第二個意思就是：操作的方法能夠提高獲利的效率。

人們都喜歡獲利，無論是做短期獲利還是長期獲利，只要獲利大家都很滿意。並且多數人都喜歡盯住眼前的利益，希望縮短獲利的週期，希望在短期內獲得暴利。然而真正在股市裡打滾五六年以後的人都會深深地體會到——短線炒作獲利的效率其實比不過長線投資的效率。

我們所說的方法是：第一，選股的方法；第二，操作的方法。

當然，真正把股票投資做為事業的人，會在選股方法上

有十分精確的模式，在操作方法上也會有極其精密的系統。其中之道，可以深不可測。在方法上的追求永無止境。

阿慌──許多人共同的故事

　　漁者和種植者聊得很高興。不是因為聊天高興，因為在漁者的內心裡充滿著喜悅──他已經聞到魚群快來了的味道，而在種植者心裡同樣充滿著喜悅──他已經感覺到風中夾帶著的暖意，他的苗子們快長出來了……

　　這時候，來了一個人──阿慌，阿慌聽到他們聊天，決定改變自己的命運。阿慌向種植者請教方法，種植者很樂意告訴他方法，因為這個世界有的是地。

　　種植者說：方法都告訴你了，此時又是春天近了，你就準備一粒種子吧！

　　阿慌心中打鼓：一粒種子？種到地底裡？真的能夠發芽嗎？要是不發芽我豈不是賠了？你能夠保證它一定能夠發芽嗎？

　　種植者說：「我不一定能夠保證它一定發芽。因為一切種植都是有風險的。如果你多種幾顆種子，發芽的可能性就大多了。」

　　阿慌說：「什麼？多種幾顆？我以前從來沒有種過，一

下子種幾顆，萬一都不發芽，我賠的更慘了！」

種植者無言。種植者自己種下了西瓜籽，又給以前的葡萄枝澆水，果然不久長出苗子來。

阿慌覺得神奇，果然種植者説的不錯。

種植者又説：現在種下種子還來得及。

阿慌又猶豫了：這綠綠的苗子到處都有，你怎麼肯定你的苗子就不是野草呢？等結了果我才相信。

到了秋天，種植者又吃西瓜又摘葡萄的時候，阿慌暗自悔恨當初自己沒有聽種植者的話。在這種情況下，他找到一塊地，把幾顆種子埋在土裡，並在一邊祈禱快快長出芽來。

種植者剛好路過，不知道發生了什麼，就問阿慌：你在做什麼？

阿慌説：種種子！

種植者大驚：現在是秋天，馬上就是冬天了，你還敢種……快，挖出來，存著明年再種吧！

阿慌説：挖出來不好吧！明年還要等這麼久。你都吃上西瓜了，我當然要趕緊種。

種植者無言。

果然一到冬天，阿慌的種子都凍死了。阿慌才明白什麼叫氣候。

第二年春天，種植者又種下西瓜籽，阿慌也跟著種下西

瓜子，種植者給葡萄澆水，阿慌也澆水。

苗子長出來了，阿慌的心裡又忙上了。想：西瓜只能一年吃一回，葡萄不是可以年年吃到果實嗎？不如改種葡萄好了。

於是他真的這麼做了：他拔掉西瓜苗，改種葡萄籽。

葡萄苗剛長出小藤，阿慌又想：葡萄太小，不如西瓜大，我當初種西瓜還是對的。還是要大西瓜不要小葡萄吧。於是他有拔了葡萄苗，改種西瓜。

阿慌這些日子忙得暈頭轉向。

當種植者的西瓜花開時，阿慌的西瓜藤才長出幾片葉子，阿慌只好把苗向上拔一拔。當種植者的西瓜熟時，阿慌的西瓜藤已經枯死。

阿慌看見今年又沒有收穫，趕緊要問種植者。種植者看了看說：種瓜得瓜，我看你種下的滿是心焦，得到的也是。

種植者說，你不如去漁者那裡練一練耐心。釣魚是培養耐心的最好的方法。

阿慌認為這是個好主意。於是就來到了漁者的釣魚臺上。

「魚群真的快來了嗎？」阿慌問。

「快了，但還要等一等。」

「我怎麼沒有看見。」阿慌張望了半天。

「是的，我也沒有看見！但這個氣候魚群來到過兩回，我相信他們會來。」漁者說。

「魚又不會看氣候，萬一牠們不來，豈不是白白撒餌，白白等待……比起種種子來損失還要大。種種子如果不行還能夠挖出來，撒下的餌如果沒有釣上魚就白撒了。」阿慌盯了水面一段時間。

漁者無言。開始撒餌，下鉤、放網。

漁者說：「你試一試吧，少下餌，垂下一釣吧！這損失總還不大。」

阿慌果然垂釣下鉤。但為了節省線，他只垂下短短的一截線。等了一會兒，心中暗想：魚是活的，種植種子是可以把握的，這樣等下去，不如我先去種種子，等魚來了再回來。

漁者說：那你去告訴一下種植者吧——魚快來了！

阿慌說：好！

阿慌到種植者那裡報告了漁者的消息。種植者已經把西瓜種子、葡萄苗子也澆上了水、鬆了土，一切準備就緒，正好準備出發。

阿慌看種植者很著急出發，還告知種植者：我在那裡看了半天，沒有發現一條魚。也許那水裡就沒有魚呢！你不用著急！

種植者説：機會是留給有準備的人的，我還是提前一點的好。

阿慌不慌不忙地回家。種下西瓜籽，種下葡萄籽，打理了很長時間，他早就忘記了魚的事情。

直到有一天，種植者跑過來，告訴阿慌：「你快去看看吧，魚群來了！你的小短線上已經有一條小魚了！」

阿慌飛奔到水邊。

果然，自己的小鉤上有一條一寸多長的小魚。這是他第一次收穫——他真的很高興。

但他一抬頭，看到水裡遊動的滿是大魚，高興的心情不見了。他看見漁者和種植者一條又一條地拖上大魚，心情之急切更是無法形容。

他飛奔回家，把魚餌做好，把魚竿做好，把魚網織好，再次來到水邊，看到漁者和種植者已經收穫很多，但水中的魚已經明顯減少了。

「魚群呢？」阿慌問。

「大魚群剛過去，還會有一些中魚群、小魚群。」漁者説。

阿慌猶豫地撒下了一些餌，果然收穫到幾條中魚。他高興極了，開始不顧一切地多撒餌，又收穫到幾條小魚。他又要撒餌，發現漁者和種植者已經開始收拾魚具了。

「你看，水中還有魚呢！」阿慌說。

漁者說：「我看沒有太多魚了，都剩下一些小魚。垂一根竿釣著玩了，那些網可以收起來了，餌也不用太多。」

阿慌心裡想：魚是小點，但我也要捕，不捕是傻瓜。

阿慌大面積地撒餌，收穫漸漸地少了。但他還在幻想大魚群到來時候的情況。他決心耐心地等待。

種植者回家收穫西瓜和葡萄去了。

阿慌還在水邊等。偶爾能夠釣到一兩條魚，都能夠刺激他的神經，使之留下來等待下一條魚。但總體算下來，每次投的餌要遠遠大於釣上來的魚。但越是這樣，他越想把餌的費用撈回來。

漁者說：魚群已經過去，少投點餌，留著下次用吧。

阿慌的餌已經用完了，他才悻悻而歸。算起來，他是虧損而回的。回家一看，西瓜已經熟過了，爛在地裡；樹上還有幾粒葡萄，但與魚比起來，這些都不再吸引他了。

阿慌恨恨地說：如若不是虧損，我才不想回去呢！

在股市裡的人，大多數都多多少少獲過利，但為什麼入市做股票，多數是看到別人獲了利，自己被吸引進來。卻不知道，別人獲利是表面現象，本質是市場已經開始有風險了呢？許多被股市套牢的人，發誓如果能夠解套就永遠不會去

炒股——這只能說明「阿慌」還沒有掌握方法。

兩種選股的方法

大千世界，無奇不有。

做股票，方法不勝枚舉，可以說各有各的方法。

歸結起來，做股票只有選股和買賣兩件事情，在這兩件事，只要有一件做得很出色就會有很好的收成。而選股和買賣這兩件事情又可以細分為三個步驟：選股、買和賣。在這三點上完成比較好的選擇，就能夠在股市上立於不敗之地。多少人進入股市後，在這三件事情上苦下功夫，無論贏家還是套牢族都要圍著三個選擇而獲得結果，或者甜，或者苦。

而選股的方法有以下方法：

● 他選法

聽鄰居大媽說她賣了這支掙錢就買這支。

看報紙上推薦這支，說如何好就買了這支。

聽某著名股評家說這支，就買了這支。

聽某證券公司老總說這支好，就買了這支。

聽某操盤手說這支股票將會做到多少元，就買了這支。

有些朋友在股市裡，聽別人的意見，根據他人的建議決

定購買股票，已成為一種習慣。

　　在許多朋友的痛陳中，我發現最為慘痛的都是出在「他選法」上。

　　有一位朋友，人十分精明。但是他聽從了一個莊家的建議，買入了某股，這支股在2000年市價33元，他在回調到30元初將60萬元全部買入，當時還認為買到了低價，因為據稱莊家說要炒到60元。而一晃3年過去了，到了2003年，這支股的價格僅有3.90元，他的帳面市值僅餘下7萬多。

　　另外一個朋友，認為股評一定很正確，永遠聽股評來選股。先是從50萬元炒到了20萬元，後來有一天忽然悟道：電視的股評不收費，當然人家不會告訴「真」東西，於是就向一家股票仲介機構繳費成為會員，仲介機構每天向他的手機上發上一條「能盈利」的股票。他根據這個操作，20萬元又被炒到了15萬元，他還是認為如果自己向仲介機構交納幾萬元的年費成為白金會員，可能會保證盈利。不知這朋友何時才能走出這樣的怪圈。

　　做這麼多年股票，我也希望在每次的買賣中獲利，我也盼望每次選股都正好選到「牛」股。但是事實上，歷經10年，沒有人有確定的辦法抓到牛股，更沒有幾個正確率超過

60％的股評家。有職業道德的股評家，為大眾推介的股票尚且如此，那麼道德低下，本來就抱有特別目的的股評家，為大眾推介的股票就更岌岌可危了。在這樣的情況下，我們不如取一支「飛鏢」站在3米開外，擲中哪一支股票就買哪一支股票。這樣做起碼正確率在50％之上。

我曾經因為聽朋友說她認識的莊家在炒某股，在好奇心驅使下我試著買入一些，但很快就證明這一切是錯誤的，以後就發誓不再做這樣幼稚的事情。

比如說我來坐莊，我悄悄蒐集籌碼，我生怕任何人擴散消息，甚至連最親近的人也不告訴，這是做事情成敗的關鍵。那麼這樣的消息怎麼可能輕易地傳到外人的耳朵裡？到了籌碼蒐集到一定的程度，我可能會往上拉升，這時需要人跟風，我就會告訴親近的人，給他們幫助我的機會，也同時給他們一些獲利的機會。而當拉伸到目標位置時，這些消息會肆意擴散，正是我要出貨的時候。眾多不明真相的人們進來跟莊，結果跟出連連下跌的結果。

莊家有可能希望與你共用利潤嗎？你有可能與虎同謀嗎？如果沒有把握，跟莊是搬了石頭砸自己的腳。

有一次我聽到一個故事，說幾個人聯手坐莊，做的是洋蔥和期貨，幾個人生怕大家洩露機密，就聚在一家賓館的一

個房間內，在這裡電話報單，相互監督，目標一致——買入洋蔥。而在洋蔥價格炒上數倍的時候，其中有一個人放下了賓館房間的窗簾，在對面大樓裡日夜監視的夥伴看見了信號，把自己帳上的洋蔥全部拋售，大大盈利而去。洋蔥暴跌至價格不如包裝袋的地步，這賓館裡的其他莊家嚴重受損可想而知。

莊家與莊家合作間尚且如此，莊家與聽信者更無交情。

● 自選法

自己老家的出名企業。

自己行業的知名企業。

聽他人介紹，名字好記數位吉祥的企業。

自己在技術走勢中分析，感覺走勢好的企業。

自己在分析公司資訊的過程中，感覺物超所值的企業。

在聽信他人意見遭受到慘重失敗以後，人們往往會改變自己的選股方法，由「他選法」改變為「自選法」，「相信自己」是從教訓中得來的，沒有人能夠例外，我也是這樣的經歷！

如果現在你還在用「他選法」，說明教訓還不夠深刻。如果教訓已經有了，還在使用「他選法」，那是執迷不悟。

到目前為止，我感覺最好的選股方法莫過於自選，相信自己還是比相信別人來得穩當。

那麼自己應該如何選股呢？

巴菲特認為要選擇好的公司，操作上是買入買入再買入。他還認為，不能買太多家公司，因為如果你有40個妻子的話，你無法熟悉她們每一個的習性。

巴菲特選股時都選擇自己瞭解的行業來投資。比如他發現可口可樂他愛喝，他的朋友們愛喝，很多國外的人愛喝，他相信這樣的公司會有前途，盈利是顯而易見的，於是他大量投資，於是他大量獲利。

他的投資是簡單的、傳統的、慎重的。

我想這裡有許多我們可以借鑒的東西。選擇股票就是選擇當這個公司的股東。在買的時候，我們必須十分清楚我們在買的是什麼？必須通過各種方法瞭解公司的一切。

巴菲特在選擇股票上下了極大的功夫，在他投資股票的50年裡，總共只買過幾十種股票，而且往返操作極少。他說就是他的這種近乎怠惰的風格使他贏得這一切。其實他的言下之意就是：認真選股，並堅持到底。

目前大陸股市有1700多種證券品種。股票只有1300多。以2005年4月的行情，最高價位是50多元，整體的平均價在5～6元之間。

這種現象是十分有特色的——價格的一窩蜂，而且都不高。在這樣的狀況下，我們就認真地選吧！選出市場裡最好的10支股票來關注，一定沒有錯！我們可以看看美國最貴的股票——巴菲特領導下的公司的股票，現在是7萬多美元一股，折合人民幣六七十萬元！也許10年、20年以後中國會出現百元千元人民幣的高價股。

　　用你所學的方法來選股吧！選出你認為「最美」的股吧！因為是自己所選，所以才會堅持到底，道聽途說畢竟會很快出手。每選擇一支股票就要列出起碼五條以上的理由。

　　如果你實在愛做短差，其實，做短差也有樂趣，那麼就用選出來的部分股票賺取短期收益，放過其他迷人耀眼的機會，專心下來，你會發現月復一月，在沒有天天猛暴大利的日子裡，財富卻在一點點地增加。而一段時間以後，你可能會發現短差是一種暗含著消費的娛樂。

長期投資類股選擇的建議

　　朋友問我，在中國投資什麼類股最看好？

　　我歸納了以下三種類股，如果你的投資時間設定在5年～10年之間，從下面幾個方向去選擇應該不會差太遠。

● **第一種類股：能源類股**

在未來五年，中國的能源處於緊張狀態，尤其是石油、媒炭開採方面的公司值得關注。

一方面，並非所有的公司都有開採權，買這些公司相當於購買了較高的「含金量」。另一方面，能源產品是100％的產銷率，公司所生產的產品就目前而言幾乎是全數銷出，而且市場還處於供不應求的情況。所代表的公司如：中原油氣、遼河油田、恆源煤電。（有一些已漲太多了，就不再介紹了）

● **第二種類股：金融類股**

包括銀行、證券和信託股。

金融許可在中國並不是一般公司輕易可以得到的。另一方面中國的金融服務業以現在來講仍處於較落後的狀態，雖然如此，與金融有關的相關行業在業務上卻蒸蒸日上。如果有任何一家銀行、證券或信託公司可以掌握住這個大好的機會專心而且誠心的把服務做好，並能建立起品牌與口碑，那麼這家公司的收益會非常驚人，絕不是一般企業所能達到的。因此，金融業是很值得大家關注的類股。代表的公司如：招商銀行、浦發銀行、中信證券等。

● **第三種類股：小股本大潛能的公司**

在此，我以「航太資訊」為例（資料為2005年3月）。

總股本：1.62億人民幣（在中國大陸這樣的規模算是很小的規模）。

業務對象：全中國的所有納稅企業，約有600萬家（算是十分寬廣的）。

財務優勢：帳上目前尚有20億資金未投入使用（有充足的後備現金支援持續投資項目）。

資源優勢：有自有的技術專利和科技實力的母公司——航太科工集團當基礎。

現況：每股淨資產約11元、每股盈利約1.4元，2005年第一季股價大約在23～29元間（目前股價被低估了）。

就我的評估，以優質且具有很大成長潛力的科技公司而言，定價在50倍市盈率算是正常價位。因此，這樣的公司以50倍市盈率計算，股價應有70元以上的實力。

類似航太這樣的公司在中國還有一些，投資人可以多做研究。

兩種評估股價的理論

股票價值幾何？不同的價值理論有不同的解釋。

投資能手使用兩種方法中的哪一種進行資產估價呢？是
「穩固基礎理論」還是「空中樓閣理論」？

● 穩固基礎理論

穩固基礎理論認為每一種投資，無論是普通股票還是不
動產，都有某種稱為「內在價值」的穩固基點，可以通過仔
細分析現狀和預測未來而確定。當市場價格低於（或高於）
這一內在價值的穩固基礎時，就會出現買進（或賣出）機
會，因為這一波動最終總會被糾正的。這樣，投資就是將標
的物的市場價格與其內在穩固價值進行比較的一件枯燥而簡
便的事情了。

穩固基礎理論的邏輯值得推崇，用普通股票便可做出
良好的說明。該理論強調股票價值應建立在公司將來以股息
形式所發放的收益總和基礎上，顯而易見的，現在的股息及
遞增率（指後一年比前一年的增長率）越大，股票的價值就
越高，因此，遞增率之間的差異成為股票估價的一個主要因
素，而未來的預期就成為次要因素，證券分析家不僅要估計
長期增長率，而且必須預測某一大幅度的增長能持續多久。
當股票市場過分熱衷於未來增長的持續時間時，華爾街人士
即普遍認為「股票不僅是對將來，而且是對更久遠的將來的
體現」。

穩固基礎理論並不局限於經濟學家專用，華爾街整整一代證券分析家大都是這個理論的信徒，專業的分析家所學到的合理的投資管理，只不過是在價格暫時低於內在價值時購買證券，而在價格暫時很高時出售證券。在這個理論中，求出內在價值的具體方法是現成的，任何一個分析家只需按動計算器即可計算出來。

● **空中樓閣理論**

　　投資的空中樓閣理論注重心理價值，著名經濟學家和成功的投資家凱因斯爵士於1936年分析和闡明這一理論。他的觀點是：專業投資者並不願把精力花在估算內在價值上，而願意分析大眾投資者未來可能的投資行為，以及在隨著景氣如何在空中樓閣上寄託希望。成功的投資者會估計何種投資形勢適宜公眾建築空中樓閣，並搶先買進選中的股票成交。

　　凱因斯認為穩固基礎理論工作量過大而且它的價值很值得懷疑。凱因斯是言必行、行必果的人，當倫敦的金融界人士們在擁擠不堪的辦公室中夜以繼日地辛苦工作時，凱因斯卻每天早晨躺在床上進行半小時的買空賣空。這一悠閒自在的投資方法卻為他個人帳戶增添數百萬英鎊，並使他的學院——康橋帝王學院的「捐贈基金」市場價值增加了10倍。

　　提及股票，凱因斯認為無人能確定什麼將影響未來收益

前景和股息支付，因此，他說多數人「主要關心的不是一筆投資在投資期間的可能收益作出準確的長期預測，而是跑在公眾之前預測到價值常規基礎的變化。」換言之，凱因斯更多地運用心理原則，而不是金融估計來研究股票。他寫道：「對一項你確信將有30元收益的投資支付25元是不明智的，除非你認為十個月後股票市場不會將其估價為20元。」

凱因斯用他們英國同胞容易理解的辭彙來描述股票市場的活動。他說，選股票如同參加報紙選美比賽，你必須從100張照片中挑選6張最漂亮的臉蛋，而只有答案最接近於大眾總體的人方能獲勝。

聰明的參賽者明白個人的審美標準與參賽的輸贏無關，明智的策略是選出其他參賽者很可能會喜歡的臉蛋。這種邏輯有不斷擴大運用的趨勢。其他參賽者也會用至少同樣敏銳的觀察力來參加選美，所以，最明智的策略不是選擇參賽者自己認為最漂亮的臉蛋或是其他參賽者可能喜愛的臉蛋，而是預測一般觀點容易持有一般看法，甚至按這個方法作進一步預測。

選美競賽的類比描繪了空中樓閣理論價格確定的最終形式。一項投資對買者來說值一定的價格，因為他期望以更高價格出售給別人；換言之，這項投資依靠本身內涵來支撐自己，新的購買者同樣期望別人給予這項投資以更高的價值。

在當今這個世界，每分鐘都有傻瓜產生。他會按高於你支付的價格購買你的投資，只要有人願意支付，任何價格都行，其中沒有什麼道理可言，只是大眾心理在作怪而已。所有精明的投資者必須搶先成交，搶在最早的交易時機。這理論也可毫不客氣地稱為「較大笨蛋理論」。你完全可以對某物支付3倍於它的價格，只要以後你能找到某一個笨蛋願意支付5倍於它的價格就行。

● 對傳統價值理論的理解

空中樓閣理論看上去有道理，但是這只是股市中的一種現象，它在利用大眾的普遍心理來獲利，這理論上不是在投資，而是投機，在股市裡，如果有足夠的「大眾心理」洞察力，以這樣的理論操作股票也未嘗不可。另外，在大眾心理過於偏頗時，正是投資機會的好時機。

我對股票的價值觀點偏重於穩固基礎理論。認為股票確實應當有其內在價值，價格圍繞價值波動，我們洞察到並根據它低買高賣，實現獲利。這也是眾多專業人士的基本價值觀。

傳統的理念是：股票的價格圍繞它的價值上下波動。

那麼股票的價值是什麼呢？

這就涉及到股票價值觀的問題。眾多的分析師正在做著

這方面的工作——都想確定股票真正的「價值」。

確定股票真正的價值以後，人們的心中就有了一個標準，當股價低於它的價值時買入，高於價值時賣出，利潤自然像流水線上的產品一樣產出。

那麼誰能確定股票真正的「價值」，用什麼方法來確定股票真正的「價值」呢？

到目前為止還沒有人（包括巴菲特）能確定企業的真正的價值，因為企業分為「現狀」和「發展」兩部分，這兩部分的「價值」才是企業真正的「價值」。而「現狀」是可以瞭解的，是可以計算、比較的，比如：淨資產、淨資產收益率、總資產、總資產收益率等等。而未來的「發展」就存在著許多不確定的因素。

人們也經常試著探討一個企業未來的前景，但是所存在的這些分析都僅可以算作人們的「見解」，是無據可查的，是包含有對現實的洞察，對可能發展方向的思考和聯想，是加入了許多非實際性因素的。

於是我們分析價值時經常有兩個方面：比較實質的觀念資料和比較不確定的未來期望值。

而巴菲特更重視的是前者。他十分重視企業的財務分析，也十分注重企業的經營現狀，他對他持有股票的公司運營情況的清楚程度就像他自己的私人公司一樣，他的注意力

集中在公司的銷售、利潤、資本運營上，而並不時時在意股價。他所注意的內容是他判斷股票價值的基礎，這些基礎的東西當然要盯住，如若企業的這些情況有變化，就直接影響他對企業價值的判斷。

這也就是在價值的確定上還需要更多智慧的原因，我們可以確定的是公司的「現狀」，可以想像的是往後一兩年的狀況，無法預知的是更遠的將來。價格中最實際的部分還是「現狀」，對於未來的預期應當做相當謹慎的參考。然而，許多投資成功者是在對未來的預期上有先見之明，才獲得超乎想像的巨大收益。我想這已經上升到智慧和幸運的層次——他實現了「價值提前發現」。比如「麥當勞」股價在很便宜時，就看出它未來的巨大發展，就是價值提前發現。

我是這樣為股票定價的

成功需要天時、地利、人和，那麼在股市中成功，同樣也需要天時、地利、人和。我們處在牛市還是熊市，這是天時。而我們所選擇的股票及價格，就是我們在這場股市之戰中佔領的地形，選股票好比選地形，能否取得勝利，能否取得更大的勝利，當然要看是否佔據了有利地形。

在大牛市中，有的股票有10倍的漲幅，而有的只有1倍的

漲幅。為什麼差距這麼大呢？我們如何佔據更優的地形呢？為什麼有的股票價格20～30元，而有的只有2～3元？同樣是股票，為什麼落差這樣的大？

這實際上可以歸結為兩個問題：

第一，價格是怎麼定的？

第二，漲跌是何規律？

瞭解了這兩個問題，我們就可以自己用一把「尺」去量一量，哪一支股票哪一個價格是我們想要的。又可以比較清醒地看待股市中千萬的漲漲跌跌，並在這些跌漲之中，很有成效地獲得財富。

眾多股友都有這樣的體會：選好了股票，選好了股票的買點，就會達到事半功倍的目的。所以，我們說：選股＝效率之一。

● **定價分析**

這是一個股票分析師最大的課題，也是我十分喜歡做的一件事情。我和先生經常像猜謎一樣考對方。

他問：有一支股票，流通盤6,000萬左右，每股收益一年0.40元左右，每股淨資產是4元，行業是零售業，你猜大概價位多少？我心算了一下，答：9元多吧！

先生又問，有一支股票，流通盤6,000多萬，年收益0.04元左右，行業是紡織，你猜大概價位多少？我又心算了一下：6～7元吧。

每每這樣的猜測誤差都不多。這已經形成了一種職業的遊戲。一旦一支股票的價格高出或低出我們心中價格過多，我們就會敏感並注意。

有一次一個朋友隨便「考」了我們幾支股票，我們所判斷的價格和市場價格相差不到0.50元。她感到十分驚異，她說：這豈不是能穩操勝券嗎？

我告訴她這只是職業的熟練技能而已！就像天天上街買菜的老太太，她能告訴你黃瓜一斤多少錢，土豆一斤多少錢，你如果花1.2元買了一斤黃瓜，她會驚呼：「你上當了，黃瓜現在是1.1元。」還會告訴你在早市上黃瓜才0.90元一斤。

老太太對蔬菜的價格再精明，也沒有人請她去當蔬菜買賣的顧問。因為真正在買賣之間的獲利，不是熟悉價格這一項，還有其他許多的原因。

所以，對某支股票的定價分析並不能直接給我們帶來優

厚的利潤。

這一點眾多朋友都有體驗：有些股票的定價要低於我們分析定價的20％，我們買入它，但它並沒有很快的漲上去，達到我們給它定的價。

但定價分析可以幫助我們避開這樣的風險：不去碰那些價格遠遠高於我們對它定價的股票。例如一支流通盤1億，每股收益為0.027的股票，即便在牛市定價也不應該超過5元，而有的朋友竟然在15元的高位購買。

那麼到底哪些因素影響定價呢？

我總結了幾個：公司的業績、公司流通股份的大小、公司所處的行業及其它可以給人帶來聯想的因素。

1.業績是最主要的，它影響定價。

最早，人們分析一個公司的定價時，主要考慮的是我用這個價格投資了這家公司，按現在的收益水準，多少年能夠把本收回來，如果要5年收回，就十分滿意，如果要十年，也還可以，如果要100年、1000年才能夠收回，就不予考慮。比如一家企業每年每股賺1元，那麼它的定價在5元就比較令人滿意，如果定價10元，也還可以，如果定價100元或者1,000元，那就無法接受了。

人們用定價除以每股收益，得出來的是多少年能收回成

本的資料，後來這個資料就被稱做為「市盈率」，即市場價與每股獲利的比率。比如說，某某股的市盈率為30倍，那就是說現在對它投資要30年才能夠收回成本。

當然，公司不會這30年永遠固定不變，每年正好賺1元。如果這個公司在幾年內持續發展，以至於將來可以每股贏利2元、3元，那麼市盈率會降低到15倍、10倍，以中國股市而言，目前市盈率30倍算可以接受。

現在發達國家的股市多數股票市盈率在10～20，而中國的股市的股票市盈率平均在30多倍。這也是中國的經濟發展速度確實高過發達國家、地區的體現。

中國有一些不被看好的基礎行業，市盈率只有10～20倍，但一些高科技或者具有特殊發展可能性的公司市盈率達到50～60倍，更有的公司市盈率超出100、1,000倍。

市盈率超出100倍、1,000倍的公司，大多數是每股業績極低的公司。例如，某公司的業績只有0.01元，定價在5元，那麼它的市盈率就是500倍，如果定價在15元，它的市盈率就是1,500倍。

一個朋友說某某股票才5元，真便宜，我們買它幾千股。

我翻開資料一看，它只有0.01元業績，也沒有什麼別的特殊情況，我就問他：你想買一個要500年以後才收回成本的公司嗎？

他說：不！堅決不！

我就建議他不要買這支股票。

價格便宜是相對的。有些股票價格很高，但市盈率並不高。

例如當今中國股市的第一高價股「航太資訊」。它的價格在36元左右，而它的半年業績達到每股2元，一年就是4元，那麼市盈率只有9倍，是市盈率最低的股之一。按理說，是十分具有投資價值的。但我向朋友們介紹時，他們總是感覺價格高。

當然，如果航太資訊的業績在今後下滑的話，那麼市盈率就會升高。所以我們利用市盈率只是做靜態的分析，公司發展的情況也要密切關注。

所以市盈率不是萬能的，它只是我們選股時參照的重要的指標之一，它反映的是價格和業績的比值，讓我們看看這個價格目前的水準是高還是低。

像前面提到的流通盤6,000萬，每股贏利在0.40元的商業股（指從事商業的上市公司股票），我計算了一下，認為它定價應該在9元多，其理由是：

（1） 現在市場平均市盈率30倍左右，商業股現在這段時間屬於發展潛力小，應該低於平均市盈率一些。以20倍市盈率計算，價格在8元左右。

（２）流通盤屬於平均水準，可以忽略不計。

（３）每股淨值4元，市淨率2～3倍。按市淨率計算股價應該
在8～12元。

（４）最近的商業股處於超賣狀態，股價應該在8～12元中較
低的水準，即9元附近。

如果這支股票的價格高過12元，那就顯得太高了；如果
低於8元，那麼在價格上就對我有一定吸引力。

2.流通盤大小也影響到股價。

天哪，為什麼我的股票每股收益0.12元才3元，而他的那
支股票每股收益0.09元股價卻是11元。一個朋友大呼。

我立刻向她解釋：你的股票盤子（股票的數量）大，他
的股票盤子小。

在過去一段很長的時間裡，股價在炒作的過程中，盤
子小的股票總是被炒的高一些。這應該沒有道理，但這是現
實。看那些ST（由於虧損，被特別處理的股票）的股票，只
要它的盤子小到一定程度，價格還是可以維持到10元以上。

在炒作的範疇內分析，小盤股的莊家很容易把股價推
高。因為，流通盤（流通市值／平均股價）少，在不用大量吃
進股票時，價格就會飛升。而在沒有做空的機制下，人們只
能在股票漲時收穫利益，那麼，普遍的中級資金持有者願意

操作小盤股。在對公司經營發展範疇內分析，小盤的公司具有這樣的優勢：

第一，在擴張上有優勢。如果能夠很快地擴張，即使股價沒有變動，收益也是十分可觀的，因為我們手裡的股票的數量增加了。

第二，在快速改變業績上有優勢。如果一個總股本為5,000萬的公司，有一次獲得500萬利潤的機會，它的每股贏利就增加了0.1元，而一家總股本為5億的公司，有一次獲利為500萬的機會，只能給每股贏利0.01元的機會。所以，在大多數情況下，我更喜歡小盤股，它更具靈活性和發展的想像力。

在1992年、1993年買入股票的朋友們一定有這樣感受：當初持有的那些小盤股，經過十年的分紅、送股、配股以後，現在的價格已經是過去的幾十倍。這期間經歷了牛熊交替的數個輪迴，只要不賣就可以穩勝。這就是發展的魅力。

當然不是所有小盤股都能這樣快地發展，還要具體分析公司的情況和快速發展的可能性。

1998年底我買過「新華百貨」。當時它3,000多萬的流通盤，股價在7元多。之後，我持有它三年，到2001年的時，它的股本已經擴張了一倍，股價也升到了21元左右。粗算起來贏利也有4～5倍。當時，這支股還不是熱點品種（熱門

股），這樣可觀的收益，多半是因為盤子小。

當然，盤子大小的概念也在變化著：

過去，1,000～2,000萬算小盤股。

現在，6,000萬以下都可以稱為小盤股。

在牛市裡，尋找小盤股做短差是一種令人樂此不疲的娛樂，因為它的收益是那樣的立竿見影。

另外，值得注意的是，金融股與普通股的流通盤的大小概念是不一樣的。

金融股如果流通盤不到20億，就算很小了，因為無論是銀行、證券還是保險，總股本在100億人民幣以下的都屬於微型公司的範疇，所以比較特殊。從股本上看，我們現有的招商、浦發、民生、華夏、深發展銀行都屬於小銀行，總股本都不超過100億，幾乎都小於50億。而證券類的兩家，也不過幾億、二十幾億的總股本。當這個市場活躍起來的時候，金融股將會十分有魅力。

3.公司行業等因素也影響定價

增長率是十分有魅力的，因為持續40年，年增長率達到28.8%，巴菲特成為了世界首富之一。

一個企業的增長率大小和持續性，也是最令投資者關注的。持續高速發展的企業的股票，無疑使我們的財富會像搭

上「火箭」，增長速度驚人。像當初誰要是投資了可口可樂公司的股票，如今便有了上百倍以上的收益一樣。

那些新興的行業，人們把目光集中在了哪裡，哪裡就熱了起來。

電腦、通信，數位電視……

到底哪一項是將來增長率最大的呢？哪一個公司將有好的前景呢？在這個問題上是仁者見仁、智者見智。

其實，無論是電腦、通信、還是數位電視等等，將來的發展都是可以肯定的。

在現實的市場中，那些被人們看好的行業，就會受到資金的追捧，以至於股價高出平均水準。我們如果不肯用高出一定水準的價格購買，就難以買到。

市場為什麼要用高價來購買某一個行業呢？其深層原因還是在於業績。

人們往往根據企業的業績來給股票定價，但經歷了一段時間以後，人們開始打提前量（如果你認為某日股票會漲，那麼就在當天前幾天買，就是在時間上打提前量），對將來業績有可能很好的公司，也給予超出平均水準的定價。還有不少人提出：買股票就是買企業的未來。那麼，影響企業未來的因素中「行業是否景氣」是至關重要的。因此，如果一個行業被看好，這個行業的公司股票就會上漲。這個定價中

不僅有理性的成分，也加入了人們的預期、聯想等等。

同樣，行業前景差的公司股票價格一定會低於一般的股票價格，活躍程度也較差。

在市場上經常會發現，熱門行業的股票價格偏高，也比較活躍，而傳統的不具有想像力的行業的股票價格則偏低，不活躍。對這種現象我們應該有清醒的認識，因為影響一個企業發展的因素有很多，我們應當堅持根據企業的情況來為企業股票定價，「行業」因素可以作為一個參數，在有限的範圍內影響我們對企業的定價。企業的價值在巴菲特心中也是有升有降的，是個變數，但他發現價值平穩甚至在升，他就放心持有，直到永遠。

人們總是向巴菲特請教如何買賣股票，但以他的投資手法來看，聚集財富決不是靠做短期股票的差價，就算巴菲特就在眼前，他也不一定能夠指導一次成功的短差。他總是向投資者們反覆強調：在購買企業股票時，首先要確定企業股票的價值，然後以低於實際價值的價格購買股票。

也就是心中有數，再伺機賣出。

但市場總是存在這樣的怪現象：投資人習慣於躲避對他們最有利的市場，而對那些不利他們獲利的市場卻情有獨鍾。在潛意識裡，投資人很不喜歡擁有股價下跌的股票，而喜歡追逐一路上漲的股票。

高進低出的人當然不能夠獲利。其實這就是心中沒有「公司基本價值」，隨意跟風，受市場價格的擺佈，心靈備受折磨的結果。

巴菲特曾經在公開場合表示：投資人對於食物的價格可都是一清二楚的，因為他們知道自己永遠都要購買食物，所以他們喜歡物價下跌，而痛恨物價的上漲。因此，只要你十分信任你所持有股票的公司，你就應該歡迎股價下跌，並利用這個機會增加你所持有的股票。

從企業「現狀」得出的價值，有點像對企業的評估。企業到底價值幾何，通過觀察企業的淨值、盈利能力等資料，會有一個基本的概括，當然，不同的專家會重視不同的數字與資料，這方面的工作對專業人士而言可以做得很深入。

另外，對於企業「未來發展」的價值判斷，完全是表達「個人」的「見解」，它不是被「發現」的，而是被「假設」「聯想」的，人們不是通過資料來確定的，而是通過「相信」來完成的。所以，我們可以說，在「價值」的判斷上一般是非客觀的因素比較多。

因此，我們可以看好公司的前景，但首先要確定公司現狀，不過先決條件是，現狀一定要可靠，前景可以在投資過程中慢慢觀察。

因為心中有數，巴菲特做的都是長期投資，短期的市場

波動對他完全沒有影響。多數人難以接受下跌的價格，他卻十分自信，他相信自己比市場更有能力去評估一個公司的真正價值。他說：如果你做不到這一點，就沒有資格玩這個遊戲。

買入股票的方法

有錢就買法：——選了股就買，無論價格。

　　　　　　——別人買就買，價格相當。

選擇時機買：——看指標買。

　　　　　　——看大勢買，綜合指標。

新進投資人大多數沒有投資時機的概念。一般說來，當他們拿出錢來投資股市的時候，潛意識裡就已經把那個時候當成了時機，不然怎麼可以說服自己進入股市，這是無法避免的。而多數人能從外界進入股市，決不是股市裡的多數人損失超過了50％的時候，在慘澹的情景之下，股市是不會對人產生吸引力的，這個時候開戶，不是高手，就是幸運者。而朋友中的大多數是在行情發展到極致之時，聽到別人都在獲利之時，才去開戶，而開戶之後，接下來就是買入——當時的心情就是「趕緊買」——一天都不能耽擱。

很多股民都不清楚為什麼別人能夠在股市裡獲利，而自

己一進入股市就遇到了市場暴跌。問題就在於人們做事喜歡隨波逐流，喜歡一窩蜂，但是如果不是事後總結，誰能故意逆著自己慣用的邏輯來做呢？

「聽說股市暴跌，所有的人都在賠，所以我進入股市買股。」這種邏輯是不可能被接受的。包括今天我向大家喊：「來股市吧！」眾多沒有進入的朋友還是猶豫和懷疑，直到有一天大家都說賺了賺了才「鬥膽」進入股市。可惜，為時已晚。

在此我願意朋友們比較幸運地進入股市，也許是因為我進入股市的第一步是毫無考慮的，又恰巧是幸運的。我第一次進入股市時，也是牛市之末，好在牛市的利潤在熊市之初全部跌光時，我離開了股市。當我湊齊了錢，可以開戶時，正是在冷冷清清的熊市之末，使得我第一步就邁向牛市。

因此，我勸朋友們發現有太多的人排隊買什麼東西時，遠離這裡。這一定不是什麼「便宜」的東西，這世界上也沒有什麼「便宜」讓大家佔，即使佔到便宜，也只是一些小便宜。但是，如果有時間，不妨去關注一下哪裡比較不合理、不合適或者是不正常，就像索羅斯獨到的眼光一樣──專門尋找哪個國家、哪個地區的經濟方面的錯誤、漏洞和薄弱環節，給予打擊並讓自己獲得暴利！當然，我們不可能像他一樣手握鉅資，我們只是小小的投資者，去發現這樣的問題去

投資，不會一夜暴富，但常卻可因此得到獎品——獲利。

　　而這樣的機會也許就在當前的股市——它已經下跌到了很不正常的地步。

　　在美國新浪、搜狐的價格現在是40～50美元，相當於人民幣400多元左右，而中國1,300多支股票99％的股票價格都在30元以內，難道偌大的中國沒有一家公司的未來不值得新浪、搜狐相提並論嗎？

　　這正常嗎？

　　這合理嗎？

　　機會就在裡面——我們面臨著向世界敞開大門。為什麼多數的人看不到呢？

　　我們還是首先需要拋開那種有錢就買、不買就忍不住的方法。買的依據應該是價值，股票的價值和時機的價值。

　　在股市裡，很少希望一年才獲得10％的，人們當然希望一天就能獲利10％；我們不希望一個月才獲利1％，當然希望幾分鐘就獲得1％。

　　沒有人不想在更短的時間裡獲得最大的利潤。

　　為了更多的獲利，開始有人研究指標、研究技術圖形，希望從中破解短期跌漲的祕密。於是各種各樣的理論應運而生，什麼「波浪理論」「量價理論」「趨勢理論」「時間週期理論」不絕於耳。

為了能夠理智地「買」，大量的工作堆積在技術分析上，我也曾經十分信賴技術指標，但在多年的實踐裡，我發現真正技術上的獲利是不顯著的。如果只靠技術指標去「買」，多數只有50％的正確率。在牛市裡正確率高、在熊市裡錯誤率高，平均一下，指標並不能指導我們走向正確的路。

　　現在，我終於明白了為什麼技術指標並不能指導價格的方向——因為各類指標的公式設計都是按照價格為基礎的，價格為先，指標為後，先有價格，然後才有指標，價格的走勢決定指標的走勢，價格是母，指標是子，我們怎麼能夠用「子」來生「母」呢？

　　所以用指標來決定買賣，還沒有抓到投資的本質。

　　那技術指標豈不是百無一用了？

　　不。技術指標是股民必修的一課，每個股民都應當熟練地掌握一兩個技術指標。技術指標能起到一定的作用——在統計上。

　　當我們選擇好一個好的股票準備買時，我們為了買得更精明，就不妨利用一下技術指標：比如時價10元，從技術指標上看，還沒有到達最低，就可以稍做等待，等到一個更好的價錢，當技術指標走到一個超賣狀態時，價格已經降到9元，那麼等待一段時間，使買入價格降低是十分值得的。

那麼關於「買」需要如何總結呢？

在選股的基礎上，買，這是行動的第一步。我們的行動只有兩步，所以要格外重視第一步。

買入應該選在熊市之末，那是股價最低，普遍處於打折狀態，無論多麼好的公司的股票，都便宜得很。如果時機不在熊市末，那麼在牛初也不錯，牛中也湊合，千萬不要趕在牛末和熊初。在熊初買股，寧可選擇等待。

在買入之時要精益求精。在價格上買得越低越好，因此得利用技術指標。技術指標可以幫助我們降低買入成本。

保持理性的最好策略是分批買入，購買至一定倉位要有計劃，在大勢不明朗之前，要保持可攻可守的狀態——小心駛得萬年船。

賣出股票的方法

第一：主動賣出法。

第二：被動賣出法。

賣出較買入來說，要精深得多。

有句話說得好：會買的不如會賣的。

能主動賣出股票的都屬於及格以上的，當然，及格以上的也有成績特別優秀的。

買了一支股票，觀察它上漲至一定目標價，主動將它拋售，這是正確的。即使這支股票後來又漲了許多，只要是在獲利範圍以內完成的賣出交易都是正確的。如果獲利少就草草收兵，只是得分不高，剛剛及格而已。

那麼，哪樣的賣出是成績特別優秀呢？即戰略性賣出。

● 戰略性賣出

在牛市走到盡頭，「牛」的疲態已露，這是最好的賣出時機。如果把做股市比作種田，那麼這個時候應當收穫，不去收穫，那些果實就會收不到。如果把做股票比作打仗，那麼這個時候應當戰略性撤退，戀戰只會潰不成軍。

這個時候賣出，無論價格如何，都是明智的。即使買的股票成本價格在10元，而進入這個時期，股票價格在9.5元，也應當找機會賣出，也許你會說，那不是賠了嗎？但是戰略性賣出是不論價格的，只要賣出就是好的。因為只要過了一段時間，我們就會發現價格可能沿著趨勢下滑，以至於跌幅達20％，或者更多。反過來看，下跌5％時逃出，相當正確。

當熊市來臨，不要心存幻想，不要總盯著手中股票的價格，賣是最好的選擇。賣的時候必須是因勢而定，因此我們在買的時候必須更加小心，這樣等到賣的時機，就不會出現買價比賣價高的情況，以至於動搖軍心，總是捨不得賣。

正因為如此，買賣不得過於頻繁，買賣過多會影響我們對大勢的判斷。雖然作買賣之間的差價是如此令人快樂，但它僅僅是一種娛樂。在10年間，我為這樣的娛樂花費的要比收獲的多。不信，你也可以試一下，統計一下。

真正使我們獲利的，還是在別人都不敢買的低迷市場裡買來的、在轉勢時堅決拋出的那些股票。我有一半以上的獲利來自於這樣的操作。

有一首歌叫做《愛在深秋》，在股市上，我們的做法是「賣在深秋」。

對於大勢有季節，對於個股也有小的季節。我們在觀察大勢變遷的不同時，還要注意手中持有的具體個股的「小氣候」。同樣需要在它的「秋天」戰略性地賣出。

而「賣」正是考驗一個人對股票的理智程度。許多人都有帳面的獲利記錄，而最終所有的獲利又交回了市場，就像坐電梯，如何上去又如何下來，最後痛心疾首地總結教訓：當初要是賣掉就好了。

● 賣股的哲學

為什麼在最應該賣的時候沒有行動呢？

行動是由心指揮的，為什麼最應該「賣」的時候沒有去想呢？是因為沒有理解股市中「賣」的含義，沒有制定好

「賣」的行動計劃，沒有制定好「賣」的行動紀律。

「賣」不是隨意的！一般人讓自己任意決定行動是可笑的，但在賣股票的問題上，自己卻經常給自己一個例外。

我們來看一下「賣」的規則。

一支股票買的時候價格為10元，如果有人說：我等到15元時一定賣出，當股票真的到15元時，他猶豫了，沒有賣，而是定下16元的目標，可到了16元又沒有賣。他到底什麼時候賣，天都不知道。那麼這個人做股票很危險，他做事沒有原則，沒有紀律，經常隨意改變計劃，另外，他過於貪婪。

「賣」是相當有學問的。修煉「賣」的功夫相當於修煉「自身」的修養——我是這麼認為的，這一點也不誇張。

賣出只要是有機會、有紀律、主動賣出的，都是合格的。賣出的點不可能最完美，但是我們可以去接近完美。但如果賣出是被動的，就是絕對不合格的。

例如：一支股票買的時候10元，想在15元賣，但漲到15元沒有賣，到16元還沒有賣，後來股價下跌回15元，還想著反彈到16元一定賣，跌到14元時，想著到15元一定賣，跌到10元時，害怕了，股價一到9.99元就慌忙賣出，加上各種費用，在虧損時了結。

形成這樣的習慣，每次賣出都是基於恐懼，他怎麼可能獲利？帳戶中的資金只會越來越少。這種情況，還不如給自

己定一個永久不賣的方案，無論漲漲跌跌，我把股票放著，留給下一代。

在此總結一下怎麼賣：

1.在買的時候定好什麼時候賣。

如果認為自己水準一般，就定一個具體賣的價格，發誓耐心等待，發誓一定辦到。

如果認為自己的水準較高，就定個具體形勢賣。例如大勢轉熊或者跟蹤價格直到低於最高價的5％或10％時堅決賣掉，這就是所謂的「止損」。

如果是水準極差的或者是水準超高的，可以選擇——堅決不賣。

2.在決定賣的時候反思一下什麼原因使你「賣」。

是「計劃」、「紀律」使你「賣」——你是對的，不會後悔的。

是「恐懼」、「壓力」使你「賣」——你是錯的，一定會後悔的，即使賣出成交的一瞬間會心情輕鬆，但緊接著就是悔恨。

我的投資方法

投資股票沒有最好的方法，只有更實用的方法。投資應該以「自我」為中心，適合自己的方法才是最好的方法。

最怕朋友見到我就問：「這股票怎麼炒？」我便慢慢地詢問，你想做多長時間，你想獲得多大的收益。

一般的回答是：越多越好，最好每天10％。

對於沒有投資過股票的朋友而言獲利的期望值都很高，而目前全世界做股票最優秀的巴菲特、做投機最成功的索羅斯也不過平均年收益率30％左右。

我說：想超過世界最優秀的投資家恐怕不易吧！你如果制定目標比較現實的是在每年10％～30％之間，這是平均值，但是需要堅持幾年甚至幾十年。如果真能實現，你也會成為世界級的富豪。

一年獲利30％，相當於一個月獲利2.5％，在這樣每天基本都有漲10％的可能的股市裡，好像一個月獲利2.5％是可以想像的。但是經驗告訴我們，在某一個月獲利10％～30％容易，但想在100個月裡持續獲得2.5％的盈利是極為艱難的，而企圖獲得巨大利益決不是靠短期，正是靠長期。

所以我不認為短期獲利10％，甚至1000％是什麼值得羨慕的事。就像長跑，一開始跑在前在後都無關緊要，最後的佼佼者必定是那些有十足耐力的人。而投資的耐力有可能在十年以後顯現。

如果我們所求不高，只是獲利一些即可，那麼我們可以追求做短線的技術方法，在技巧上下功夫，一定可以有卓越成效。就像一個士兵，苦練一套功夫，在戰役中多消滅一兩個敵人，且保全自己。

如果我們志在高遠，就要下大功夫對企業、對市場進行研究，對自己的資金（無論是1,000元還是1,000萬）都要進行戰略安排，準備打持久戰。這就像一個想成為將軍的士兵，不僅要苦練「刺殺」的功夫，還要求戰略上的卓越。

股市就是這樣一個地方——它讓所有的人有機會顯示他的戰略才能，無論本金是多是少。就像大家所熟知的在棋盤上放麥子的故事一樣，棋盤第一格只放一粒麥子，第二格只是兩粒，如果到了第六十四格，所累積的麥子將是耕種了2000年的麥子總量。我們第一年可能只有100元的收益，第二年200元，第三年400元，從這樣低起點開始，三十年以後也相當可觀，對於一位有遠見的投資人，當然首先就需要有持久投資的好方法。

在股市中操作了十年，我也是從零開始的，我也犯過新入市的投資人所犯過的所有的錯誤，教訓給我的教育比成功給的要深刻得多。

做股票沒有最好的方法！如果有人說要賣你一個軟體能每月獲利5％～10％，有的諮詢公司還說它可以為你提供「明

牌」，保證盈利5％～10％，不要相信——如果有人發現了這種「點金」的方法，他已經成為富豪了。

做股票只有更實用的方法！而我這個實用的方法就是：樸素而傳統的觀察分析，謹慎而果斷卻不很頻繁的操作。

● 第一：看好季節

即看大勢整體處於熱還是冷的狀態。

● 第二：選股——分析上市公司基本面

先大篩選，再細篩選，直到把目標集中到一個較小的範圍內。接著把這幾家公司的資料研究透徹，搞清公司的實質價值以及可能帶來的發展價值。這是十分艱辛的工作，可能要佔據我們精力的80％。除了公司資料以外，還要關注有關公司的一切資訊。如：這個行業的統計，這個公司的新計畫，這個公司又有什麼新動向，人們是不是喜歡這個公司的產品等等。

● 第三：買——與市場討價還價

買是世界上最簡單的事情，交錢即可以得到你想要的商品。但經過第二步時，你已經確定了你想要的商品，通過第一步你已經確定這是一個普遍降價的季節，那麼第三步，

你要交錢時，還要與市場「討價還價」，以求買到更低的價格。那麼就需要盯住盤面，盯住技術指標，耐心地小筆小筆買入，達到成本降低的目的。

● 第四：賣——價格超出價值，當機立斷

賣是一個最體現智慧的事情。賣的時機是等來的。就像釣魚者等著魚上鉤，魚什麼時候上鉤，絕對是等來的，而智慧就在於釣魚者知道魚一旦上鉤，立刻抓住機會，完成它。

巴菲特做股票經歷中最令人佩服的是當他發現股票價格已經遠遠超出價值時，當機立斷，賣出所有的股票，把他所代理朋友的資金還給朋友，解散公司，停止投資。這是一般人，甚至專業的基金投資經理都難以做到的。

能做到以上四點，幾乎沒有失敗的可能性，只有成功大小的問題。有句話說的是：幸福的家庭都是相似的，不幸的家庭各有各的不幸。成功的方法大概都差不多，但失敗各有各的原因，在以上四點上，任何一項錯誤都有可能導致效益不佳，任何兩項的錯誤組合即會導致失敗。

我的追求是：在以上四項都保持及格的狀態下，大力發展屬於個人的強項（編按：以作者而言，她最善長的是分析上市公司基本面；投資團隊中另一位「杓子」則專長技術分析），我的方法也許不是最好的，但是它最適合我。因為投

資是個性極強的事情，投資者完全應當以「個性思考」為中心，適合自己的方法才是好方法。

　　無論這個投資主體是一個人還是一個團隊，無論是小規模資金還是鉅額資金，都可以制定出詳細的投資方案，並一步一步地行動。

　　當然，在行動之前，好好考證一下，這四項是否都能通過，這至少能減低風險。

我的三個選股篩子

　　每個人選股有其固定模式，歸納起來，我向來遵守以下的三個選股篩子原則，有了原則就不會輕易亂買，有助於避免「衝動購物」與「踩地雷」。

● **第一個篩子──市盈率。**
　　理由：讓買進的股價不會太高。
　　作法：市盈率小於平均水準20倍。

● **第二個篩子──市淨率。**
　　理由：含金量多，讓擴張股本有基礎。
　　作法：市淨率小於2。

（註：若是盤子在8,000萬以下，可以擴大到2.5。）

● 第三個篩子──盤子

理由：股價活躍可能性大，擴張股本有基礎。

作法：流通盤子在8,000萬以下。

我的「篩子原則」在執行實際交易時還會為它們排：最重要、次重要、次次重要。

第一，如果次重要、次次重要其中有一項特別突出，那麼另外一項就可以稍微放寬。

第二，如果在其他方面有特別突出的情況，也可以在盤子和淨資產方面稍微放寬。

第三，第一隻篩子「20倍市盈率」是隨市場平均市盈率制定的。

總結：選股，是一個主動的過程，能篩出也不一定都能買，還要看許多資料評估未來股價上漲的可能性。用了上面的方法篩出來的也可以因為其他「特殊」的因素被列為買進對象。

因為價格隨時變化，具體的時間與選股可以參考我的網站：

http：//kinglz.com.cn

第八章

中國股市未來趨勢分析

入市十年，我歷經了中國股市三次牛熊循環，

在心理上可能對這個市場樂觀一些。

因為市場就是這樣—牛市完了是熊市，熊市過了是牛市。

問我2005年3月的未來是什麼市？

牛市，牛的頭。

這是我最直接而簡單的回答。

有關中國股市2005年3月以後的發展趨勢，我的分析主要有以下三方面：

　　第一：基本面。

　　第二：技術面。

　　第三：個人經驗。

　　以上三個方面的根據是有輕重之分的，最有力的應該是基本面的根據，其次才是技術面的根據，最後才是個人的經驗。

基本面良好

● 宏觀經濟發生了轉折性的變化

　　研究股市，首先要研究國家的經濟氣候，研究國家的經濟氣候，就要研究全球的經濟氣候。目前全球具指標性的原物料如：鋼鐵、有色金屬、水泥建材等生產材料漲價，有的價格甚至已經創出了歷史新高。此外，許多基礎產品的漲價從幅度上看，已經創出幾年甚至十幾年以來的新高。

　　它意味著此輪經濟增長已經開始，將演化為全球經濟的反轉。全世界將從通縮中走出，這個過程將是今後幾年的發展方向。

這一次的宏觀反轉還有一個特徵：它是一次以市場導向而啟動的經濟增長，而不是某個政府在積極財政政策和貨幣政策的刺激下產生的，所以，本質的意義上會更具持久性。

　　回到中國來看，過去經濟增長並沒有反映到企業效益上，就是所謂的「宏觀好，微觀不好」，而這輪經濟增長的宏觀面與微觀面結合得非常好。

　　在《中共中央關於完善社會主義市場經濟體制若干問題的決定》一文中曾提到：「……以股份製作為公有制經濟的基本實現形式，這非常重要……。」這句話的根本含義是，將來中國的經濟是以股份公司為基礎，尤其是以上市的股份公司為基礎。從這裡可以看出，未來股市成長必然反映中國經濟的基本面。

　　長久以來，中國股市一直流傳「股市邊緣化」的顧慮，但就此看來，未來中國股市不但不會邊緣化，股市還要大力發展。

　　除了鋼鐵、汽車、電力和石化之外，還可看好的有：有色金屬、建材、機械設備等與經濟景氣密切相關的行業。它們會隨著中國經濟的發展迅速增長，而且增長速度要遠遠高於經濟整體的速度。所以投資於這些板塊將會得到加倍的利潤。雖然投資某些實業領域的利潤率也很高，但大家必須注意，上市公司是整個經濟中最優秀的企業，它的經濟增長速

度要快於一般企業。同時根據市盈率原理，當實體經濟有5%
的增長時，在股價上就是10%甚至更多，具有巨大的乘數效
應，從這個角度說股市是非常有希望的。

　　另外，值得一提的是前面我曾分析過的金融股。我的估
計未來中國的金融股非常有前途。

第一，銀行業面臨大發展。中國銀行業還處於不發達階段，
　　　在面臨經濟大發展時期，有著更大的機遇。

第二，證券業將成為市場的寵兒。股市如果走勢強勁，那麼
　　　最直接收益的行業就是證券業。證券業的利潤率是其
　　　他行業不可比擬的。

● **中國股市大圍城**

　　全球股市甚至是最近的香港，股市均處於復甦的情況，
但中國股市截至現在（2005年3月）為止，還在很緩慢很緩慢
的走走停停。這一點，不僅與全球股市相背離，也跟中國宏
觀經濟持續向好的形勢相背離。中國股市好像一下子失去了
國民經濟晴雨錶的作用。

　　但我們回頭來看市場的真實狀況是：中國投資者紛紛離
場，外國資金QFII的熱情卻不減，不少外資在可投資的額度
用完後還要再申請更多的額度，而且多數繼續投入A股。

　　中國投資人想解套出去，國外投資者想進來。這不是中

國股市大圍城嗎？

有人認為，這種現象是中國A股過去普遍定價過高，背負高市盈率的負擔，上漲困難。在封閉市場時代股票供不應求的情況下，價格由資金決定，只要有資金流入，就能推高股價。但隨著中國資本市場尤其是證券市場的逐步開放，股票的價格正在轉向由價值決定，以國外股市的市盈率參照下，股票價格必然會向其價值回歸。

中國股市當前最大的風險是政策風險！

不過，不止是中國，全世界股市所遭遇的政策風險向來都是存在的，但相對於跌了幾年的市場，政策風險已經不斷地被化解，尤其是對於市場的戰略投資者來說，種種風險與不確定性並不影響長期的戰略佈局。

就我的觀察，我還是認為，現在的中國形勢是十年難見的經濟增長好形勢。

● 政策面向暖的傾向多

此點，可從以下實際政策得知：

第一：從暫停國有股減持到停止國有股減持

2001年中國股市曾因為國有股減持，股市瘋狂下跌，使得這項政策不得不暫停；2002年，終於宣佈停止國有股減

持。一天之間所有股票應聲漲停，這也就是著名的6.24行情。這種現象，充分表達了管理層對股市震動的關切和呵護。

第二：重新起用「市值配售」發行新股

新股發行時，原始股發行到誰的手中，誰就能夠在發行價與上市價之間贏得一定的利差，這是眾所周知的。但現在滬深股市每一位投資者可以用股票的市值來申購新股，每一萬元市值可以配售一個號，如果配售的號中籤，就可以買一仟股正發行的原始股，這種「市值配售」發行新股的辦法，能夠使得那些持有股票的人有機會獲得另外一個機會——中籤原始股。把機會從資金申購轉為「市值」申購抽籤，多少體現了把股市中的一些利益從手持資金的人手裡轉移給了手持股票的人的手裡。這雖不能完全說是對持股者的一種補償，但起碼體現了管理層對「持股」的正面態度。

第三：允許全流通問題的討論及補償等公平態度

雖然在國有股減持及全流通問題上，管理層還沒最後拍板，但事情發展的情況和管理層的態度還是令人樂觀的。

例如，報紙上常見專家們對全流通問題的討論，讓我深深感受到一種良好的氛圍。最令人感到暖意的是：管理層也

認識到了舊的作法對全流通股東的確有不公平之處，也考慮到要對全流通股東做一定的「補償」。

雖然具體的方案還沒與大家見面，但可以在公開良好的氣氛中討論，這種「一心一意謀發展」的領導者心意，則表現在對股市問題的解決上。

● 市場更具吸引力——長期牛市的開始

中國證監會主席尚福林於2003年9月12日指出，大力推動證券投資基金的發展是今後一個時期的重要任務。他要求努力使證券投資基金成為證券市場的中堅力量。9月13日，尚福林再次發表講話，表示要妥善地解決好資本市場發展中的矛盾問題，更好地保護投資者的利益，使市場更具吸引力。

應該說尚福林的兩次講話對中國資本市場都是有長遠的利多作用，將幫助廣大投資者樹立起堅定的、戰略性看多中國股市的信心。這個牛市不是一年兩年，將是一個20年發展的牛市歷程！

在此之前管理層所提出的政策常以直接刺激股市的比較多。但這兩年來政策往往是軟性的、潛移默化的。

許多領導政策的表達對外界的解讀可能覺得「只不過是一句話、一個領導者的意見而已。」但是，對於才短短十幾年股市歷史的中國而言，很多領導的談話往往是具有一葉知

秋的指標性意含。我們認為，能處在這樣的政治環境下，何愁股市不騰飛。

　　未來20年中國經濟總量要實現翻兩番，那麼從現在起的未來20年將上演一波牛市行情就不難理解。

● **重大政策信號--為投資者創造財富並創造就業機會**

　　政策面有助於投資者把握正確的投資方向，尚福林在過去的兩年曾強調：要為投資者提供增加財富的機會和創造就業機會！

　　以往在很多人眼裡，股市上漲就是投機，股民賺錢就是不勞而獲，證監會主席公開提到資本市場「為投資者提供增加財富機會……」，卻是一個重大的政策信號。這一點在國外已經有過驗證，任何一個國家在股市上揚的時候對就業問題有正面影響，而在股市走熊的時候失業問題往往會益形嚴重。儘管中國經濟目前尚處在高速發展期，但由於人口也處在生育高峰，就業問題一直顯得比較突出，讓股市在好的良性的市場機制中上揚，在很大程度上可以緩解這種壓力。

● **明朗的政策利多**

　　2004年2月初，新華社發表了《國務院關於推進資本市場改革開放和穩定發展的若干意見》（下稱《意見》）。該

《意見》是滬深股市進入21世紀以來的首個綱領性文件，這對滬深股市算是放送了中長期的利多。

《意見》提出了應該讓保險金直接投資資本市場的觀點。由於目前滬深股市仍是一個資金推動型的市場，只要有資金，股市就能漲。這次《意見》裡明確強調「鼓勵合規資金入市。繼續大力發展證券投資基金。支援保險資金直接投資資本市場。」雖然目前保險金只能以購買基金的形式間接入市，但有了《意見》明確持支持的看法，滬深股市有機會得到這筆極大的資金的供給應該指日不遠。

此外，《意見》還明確了「拓寬證券公司融資管道、穩步開展基金管理公司融資試點等」，這對目前的股市資金面都會產生積極影響。

在強調「賺錢效應」方面，《意見》明確提出：「要重視資本市場的投資回報。要改變部分上市公司重上市、重籌資、輕回報的狀況，提高上市公司的整體質量，為投資者提供分享經濟增長成果、增加財富的機會。」

目前股市上正流行著藍籌股的價值投資，國務院的通知使得基金們炒作藍籌股變得順理成章。這樣的論點前所未聞，預計它也會是今後投資人買股的基本出發點之一。

在妥善解決全流通方面，《意見》對滬深股市上流通問題也作出了要求。提出要「積極穩妥解決股權分置問題。

穩步解決目前上市公司股份中尚不能上市流通股份的流通問題。在解決時要尊重市場規律，要有利於市場的穩定和發展，確實保護投資者特別是公眾投資者的合法權益。」

另外，有關「上市公司質量」，《意見》則明確指出「上市公司的質量是證券市場投資價值的源泉」。

以上種種給市場帶來實質利多，我相信，這消息不是當年「6‧24」行情的曇花一現，而是「牛」來了。

● **供求關係將導致股價上揚**

第一：中國股票總市值低，流體市值更低，即股票少。

第二：有各種因素會導致「錢」多。

綜合這兩點，是股價上升的直接因素。

1.股票少

以2005年3月的數字看

中國現在有股票家數：

上海A股828家

深圳A股527家

全國A股市價總值：37,595億

全國A股流通市值：11,404億

（流通市值＝流通股×股價）

從上市的家數看，足足有一千多家，跟全球股市相比並不算少，勉強屬於中等。但從流通市值和市價總值來看，中國股市確實是一個「很小很小」的股市，不到5,000億美元，與美國的花旗銀行最近公佈的資產相較，一家銀行就已超過了10,000億美元，是中國股市的兩倍有餘。

　　另外A股流通市值不到1,500億美元。1,500億美元相當於什麼概念呢？如果我們加總比爾‧蓋茨的個人總資產466億美元再加巴菲特的個人資產值429億美元，這兩個「個人」的資產總合就已經是偌大的中國股市流通市值的一半強。因此，對於一個國家來說，可以用作被大眾買賣部分的股票，是相當少的。

　　那麼，是什麼因素讓中國股市的股價處於偏低狀態呢？原因是中國大多數人還不懂得投資股票，國外的人還沒有管道進入這個市場，另外，股市治理及上市公司方面的有關問題尚需處理，使得一些懂得股市的人猶豫不決何時建倉（開始買進某支股票），只是在觀望。所以看起來中國股市好像「供過於求」的樣子，不過，未來這種現象勢必會被扭轉，因為，畢竟可「供」的並不多。

2.導致「錢」多情況一：信心因素

　　為什麼我敢預言，未來進入股市的錢會變多呢？

存款變成基金會直接投入股市、企業也開始懂得把閒置資金投入股市、投機資金也會來趨集……包括「過江龍」資金，這些年的佈局已經在蠢蠢欲動了，這一類型的資金如果不是對市場有很樂觀的預測，絕不會輕易發動行情。

　　2005年3月我現在的觀察是人們還處在有點痛苦的、信心搖擺不定的過程，先知先覺者已經開始建倉，中國股民還需要一個契機，一個明朗的政策，才肯相信熊市真的離開，牛市真的來到。

　　投資人在關注政策面的變動，可以留心以下的方向：

　　1、關於解決國有股減持或全流通問題的方案出臺（政府公佈具體措施）或者是原則出臺。

　　2、關於保護流通股東的政策。

　　3、關於促進上市公司質量的一些政策……等等。

　　當然，關注的同時，不要錯過好機會。

3.導致「錢」多情況二：QFII

　　目前，作為合格的境外投資者（QFII）來中國購買股票，其額度被控制在每家幾千萬美元至一兩億美元不等，這相當於一條小小的溪流，一旦管道拓寬，小溪流也可以成為大江大河。

　　而QFII決不會幾十年如一日堅持如此少量的介入中國市

場，在發展之中，中國會慢慢的在條件成熟的情況下放寬限制，QFII也會極力的促成條件的成熟。

目前，QFII進入中國的資金在2004年底達19億美元。2005年將翻一倍以上。

4.導致「錢」多情況三：人民幣升值預期

正是因為經濟發展的好，國力強盛，才會有貨幣增值的可能性。當然，在貿易上為了本國的利益，保護本國的貿易而迫使它國貨幣增值是可以理解的，但這一切還是要回到經濟發展的內因上。

日本和臺灣在上個世紀八、九〇年代，都因為幣種升值而導致股市暴漲。其原因都是因為該幣種的升值預期，使得世界上尋找投機投資的資金不斷流入該地區，以求增值獲利。當然，他們不會把資金變成該地區幣種後就閒置不動，很快就會找到快捷的投資管道，如股市。

這裡引用中國知名的經濟學家李志林博士所寫的《人民幣升值預期影響股市》，就能有具體的瞭解。

人民幣存在強烈的升值預期，其潛在的套利價值吸引了外資的不斷流入。而最吸引這些投機資本的，是變現容易且流動性極高的證券市場，因此，中國股市可能成為國外資本

的主要活動場所之一。人民幣升值對中國股市究竟會產生什麼樣的影響？類比日本和臺灣當年的情況，我們認為：股市資金結構將發生重大變化。

目前，人民幣面臨升值的壓力，值得注意的信號是一旦擴大人民幣兌換美元的浮動價格範圍，人民幣將會升值，這種預期將會對中國證券市場造成什麼樣的影響？

日本是前車之鑒，1985年，美國和歐洲國家通過「廣場協定」逼迫日元大幅升值。此後10年，日元匯率平均每年上升5.2%。結果從1971年的1美元兌360日元上升到現在的118日元左右，日本由此掉入「貨幣流動陷阱」，貨幣政策趨於無效，經濟也喪失活力。

日元升值早期，只有少量國際資本進入日本，買入日本的股票。此後日元升值，股票上漲，吸引更多的國際資本流入。1979年，國外淨購入日本股票僅有1.92億美元，1980年猛增到61.5億美元。1986年，東京證券交易所股票市值超過280萬億日元，交易額達160萬億日元，僅次於紐約證券交易所。

1987年4月，東京證券交易所股票市值猛增至26,600億美元，超過紐約證券交易所的26,520億美元市值；1988年底，東京和大阪證券交易所股票市值分別為38,400億美元和32,700億美元，高居全球股市前兩位，東京股票市場勢壓紐

約和倫敦，一度成為全球最大的市場。1985年12月，日經平均股價僅為13,113日元，此後一路攀升至1987年9月的26,000日元，並於1989年12月29日達到歷史最高點38,915日元。

1989年4月的官方利率上調成為日本股市下跌的導火線。在不到一年的時間裡，日本官方五次調高利率，股價從1990年初開始大跌至1992年8月18日，日經平均股價已降到14,309日元，與最高點相比下跌了63%，同時也創下世界三大股市中跌幅最深的紀錄。

同樣的歷史在臺灣也曾發生。1988年10月，根據臭名昭著的《奧姆妮布斯貿易和競爭法案》，美國財政部在國際經濟和匯率政策的國會諮文中「裁定」，韓國和臺灣人為操縱匯率，美國人借匯率大棒敲開韓國和臺灣的大門。當時臺灣中央銀行受到壓力後，採取緩慢升值的政策，卻招引了大批套取匯兌利益的熱錢匯入套利，鉅額貿易順差加上這些熱錢，在外匯市場構成龐大的壓力，導致遊資泛濫，對股票市場構成了極大的衝擊。

臺灣股市加權股價指數從1985年7月的600點開始逐漸上升，1986年9月達到2,505點，從此如狂飆野馬，一發不可收。1987年10月1日，指數升至4,600點，此時全球發生股市風暴波及到臺灣，指數一度跌到2,298點，但稍作整理後股指再度踏上漲升軌道，並於1988年9月26日達到8,870點。

當年9月24日，臺灣宣佈開徵證券交易所得稅，從而引發股市重創。12月底，指數下跌至5,119.41點，但市場充裕的資金和投資熱潮又推動股市止跌回升，1989年6月24日，臺灣股市突破萬點大關，並於1990年2月1日升至13,608點的歷史高峰。臺灣股市的交易額在國際股市中的排名從1987年的第七位變為1989年的第三位，僅次於美國紐約和日本東京。

臺灣為了健全法制和疏導市場，加強管理提高交易稅，強制實施證券集中保管制度，用以抑制股市短線交易和證券公司、市場大戶、「丙種經紀商」的聯手炒作。而與此同時，臺灣經濟也每況愈下，1990年2月股市開始下跌，至10月15日的2,565點為止，八個月間股指跌落了11,000餘點，跌幅達80.4%。幾乎衝垮臺灣40年的經濟成果。

從1998年以來，中國一直採取積極的財政政策和穩健的貨幣政策，並通過增加貨幣供應量抑制通貨緊縮，使國民經濟步入良性迴圈發展的軌道。另外，從1990年到今年6月底，中國累計貿易順差達2,380億美元，與此同時，外資直接投資也保持穩定增長幅度，一直維持在400億美元以上的水準，近兩年增勢較快，2001年增長15.2%，2002年增長12.5%，2003年上半年增長34.3%，同期累計達5,911億美元。在2002年上半年，國際收支差額統計的誤差項為正值，達到78億美元，為了保持匯率的穩定，央行最近幾月被迫買進大量

外匯，數額達到200餘億美元，兌換成人民幣相當於近2,000億，導致該年上半年基礎貨幣供應量快速增長。

另一方面也反應出對人民幣升值的預期，導致了資本流入速度加快，而且這種趨勢可能還會持續。這一部分資金遠遠超過了中國現階段基金和券商投資於證券市場的規模，其潛在的影響不容忽視。從進入中國資本市場的國外資金來看，既然其目標直指人民幣匯率升值的差價，就決定了這一部分具有投機性質的資本，不太可能投向實業，而變現容易、流動性極高的金融證券市場將成為這種資本的最好棲息地。中國國內證券市場必將成為國外資本的主要活動場所之一。對中國股市究竟會產生什麼樣的影響，是中國股票市場投資者高度關注的焦點。

由於中國保持穩定的經濟增長速度，增強了國際資本對中國經濟的信心，人民幣出現升值預期的壓力，外國資本有源源流入的跡象，資金供給的增加會推動中國國內證券市場整體價格的不斷上揚。類比日本和臺灣當年的情況，日經平均股價經歷長期攀升，達到38,915.87的歷史高峰，臺灣加權股價指數升到13,608點的歷史高點，國外資本推波助瀾的作用是功不可沒的。這樣的「歷史事件」將來是否會在國內證券市場上重演？當然中國目前的經濟條件和金融環境與當年日本和臺灣有許多不可類比之處，但是資本流動的大方向是

一致的，其作用的結果很可能是相似的。

　　另外，現在國際資本市場游資的數量和沖出力度比80年代至90年代初期還要大，產生的影響可能比過去要嚴重。彷彿有山雨欲來風滿樓的味道。中國加入WTO後金融業開放步伐有所加快，QFII運行機制已經開始起動，作為金融體系中最重要的一個部分，證券市場不可能再與世隔絕。人民幣升值預期帶來的國際資本流入，中國國內證券市場的資金結構將發生很大變化，對股票市場造成的重大影響將何去何從，股票市場投資者應該以史為鑒。

　　當然，我們是希望股市漲的，但客觀上如果升值會帶來衝擊，為了維護穩定，管理層一定會作相應的對策。但是正如上述文章所述，人民幣升值預期會與股市密切相關的，讓我們繼續關注。

　　人民幣不會大幅升值，但是一旦有微微的鬆動，股市將有巨大的上升動力。

5.導致「錢」多情況四：貸款制度的發展

　　在95年以前的中國，人們幾乎不能想像銀行會開辦個人貸款業務。但到了98年，我自己就感受到了個人房屋貸款所帶來的方便，後來，又漸漸有了汽車等消費貸款。但是，總

體來說，在中國銀行貸款給個人還是不普遍，貸款給民營小企業也十分的少，但這種情況在慢慢改變中。

那麼，對個人貸款方面，如果有什麼突破的話，我想應當是有價證券的「不固定用途」的質押貸款。有的商業銀行曾有此構想，但因為條件不成熟沒有實行。但在今後，這種個人質押貸款的產生是必然的，它既給銀行增加了好的業務，又刺激了消費。屆時，投資的人們可以更靈活的掌握更多的資金。

技術面──MACD月線指標長線看多

在技術面上看，大盤從2001年6月的2,249點下跌至2005年2月1日的1,187點，已經近50％，這相當於一場猛烈的「災難」，根據一項非正式的統計──

60％以上的中國股民於2001年至今虧損了50％～70％，這與經濟形勢極不相稱。如果再繼續下跌，則會出現嚴重背離經濟發展的奇怪現象。

發達國家的股市著重的是「發展前景」，他們為公司的未來定價。而中國是一個高速發展的國家，股市卻低迷，這是很不理性的「價格」，完全是低估的。

讓我們打開MACD指標的月線圖，一覽中國股市的全貌。

（MACD快速EMA＝7，MACD＝28，MACD-DIF參數14）

這時，我們的心中就會豁然開朗：

從1993年以來到2003年，MACD月線指標在低位只交叉過兩回！而2003年MACD指標再度回落低位，並且走出蓄勢向上突破的態勢。那麼MACD月線向上交叉有什麼樣的現象呢？

第一次交叉在96年4月，它指出了一輪由500多點上升到了1,500點的牛市行情。

第二次交叉在1999年的6月，這次交叉還不是在低位交叉，而是在中間位置向上交叉，它指出了一輪由1,200多點上升到2,200多點的牛市行情。

第三次交叉會發生在哪一個月呢，在2004年2月。

我們發現圖中於2003年5月，DIF線向上並攏MACD線，幾乎粘在一起，當時如果沒有「非典」的打擊，DIF有可能已經上穿MACD線。經過了幾個月的回調，DIF線也比較緩慢下跌，兩條線仍處在相對很近的距離，大盤稍有向上的動力，DIF立即會做出上穿MACD的反應，2004年2月，那麼，在2004年4月的高點，已經超越了前兩年的高點，應當說牛市的腳步已經很近了，經過1年左右的回落，2005年3月MACD綠色柱狀開始縮短，兩線交叉勢在必行。而這一次的交叉與第一次的交叉相類似，也是低位，甚至比96年的那次更低，也是經過一次的交叉回落才再次向上交叉，技術上所謂的「雙底」，其可

確信度更高。

96年的MACD第二個底用去了6個月的時間才造就了大牛市的行情。而2003年的MACD的第二個底已經歷經了三個月，如果不出意外，從今（2005年3月）向後數三個月，應當有望造成雙底。如果基本面不盡如人意，在今後六個月裡出現交叉點的可能性十分大。

個人經驗

入市10年，我歷經了中國股市三次牛熊市循環，在心理上可能會對這個市場樂觀一些。因為市場就是這樣——牛市完了是熊市，熊市過了是牛市，股市裡有一句熟話：「橫有多長，豎有多高」，即橫盤的時間越長的股票，其爆發力也越大。

我們需要做的事情是：趕緊選股，選好了股再跟這低迷的市場討價還價，爭取買個低價，或者用技巧作個差價，慢慢建倉三分之一，如果被套也不用擔心，跌過5％補倉，跌過10％再補倉，這是應當手中留三分之二的現金，準備在MACD月線線上交叉或政策面明朗的情況下，在投入三分之一做長線，餘下的三分之一做短線。

我自己的資金就是這樣安排，可能比上述的更激進些。

現在已經確定長線的倉位有三分之一，短線倉位不到三分之
一，低價的基金三分之一，基金是可長線可短線的品種，相
當於現金，可以靈活兌現，再去購買認為合適的股票。

　　牛市絕不是一天兩天的暴漲，而是一段時期的漲勢。

　　看到牛市來臨，在實際的操作中我認為：應當持續持有
有相當價值的股票，不被牛市之中的回檔所困擾，堅持中長
線操作，不必過分追求短線。以下則是我給大家的股票操作
建議。

1.在牛市做短線，全依賴運氣。

　　短線，只有運氣足夠好的人才會獲利。再者，有的股民
在股市只是拿很少的資金來操作，那麼當然希望持續大幅度
獲利，這樣一來，股市就具有了相當的賭博色彩，而賭博是
要靠運氣的，在牛市做短線，肯定經常獲利，但是獲利的程
度相差懸殊，運氣好可能翻幾番，但多數獲利不及大盤。運
氣不夠好的可能顆粒無收。

2.在牛市做中線，全依賴眼光。

　　選股有獨到眼光，在牛市做中線，肯定獲利豐厚。有的
股票不是很讓人興奮，但是在一個階段內，獲利是顯著的，
如果能捕捉到市場熱點股，獲利尤其顯著。當然，這需要靠

深厚的市場研究和獨到的選股眼光。

3.在牛市做長線，全依賴理念。

如果我們確定這時候是牛市開端，我們的行動是投入所有資金，就憑這一點，我們就是最大的贏家。

股市如賽場，我們的資金在賽跑，沒有一個人不希望資金每天都在衝刺，沒有一個人不希望資金每天都能獲利，於是總想天天換股，但是在這樣一群人裡，在這樣一種執著的努力下，真正能跑贏大盤的人少之又少，真正能在股市堅持三五年贏利的更少，多數人都在被套和解套之間掙扎。

我們不可能每天找到明天要漲的股，但是我們可以找到將來要漲的股。世界級的基金經理持續每年獲利20-30%就是奇蹟，何況我們這些普通投資者，別做賭博式的夢了！買股票要買自己最看好的，才能堅持住，才能最終贏大利。

4.選股並等待，這是牛市最好的方法！

在股市裡騰挪的人智商都不低，但是多數人缺少「堅持」的品質，只有經歷一輪牛市或幾輪牛市的人，才會真正體會這一點。不是我們贏不到利，回首一望當初拿的那股如果不動，到現在市值反而更多！

在牛市做股如長跑——貴在堅持！合理的目標終會到

達！堅持的後盾是信心。

　　但是，確定牛市開端，樹立信心和理念，從來都是最難的事情。包括對回檔的理解，如果我們確定這時候是牛市，就不應該懼怕回檔，越回檔越買進，有這樣行動的人極少，因為，他們並沒有確定這時候是牛市，還沒有信心，還在猶豫，只有大盤漲了才去追。所以，真正的贏家必須做到心中有數，不隨波逐流。當一位冷靜的漁者，但前提是，必須相信並看見，這裡有魚。

附錄

如何投資中國股市

中國大陸目前有兩個證券交易所，分別是1990年成立的上海證券交易所（簡稱上交所）；1991年成立的深圳證券交易所（簡稱深交所）。

主管中國股市業務的機關是中國證券監督管理委員會（簡稱證監會）。

一般來說，在深圳上市的公司多為地區性公司，上海市場則以工業公司為主，所有上市公司均須向證監會申請上市審核，再由證監會以分配方式掛牌在上海或深圳。目前中國政策傾向全力發展上海交易市場，而深圳股市將轉為類似創業版市場。

1992年，大陸為了吸引外資投資中國企業，推出了上海B股市場，而把原本既有的股市稱為A股。第一支股票「真空B股」以高達88.5美元收盤，讓國際投資人士眼睛為之一亮。然而，後來因為定位模糊、規模小加上流動不佳的種種因素，隨後即進入多年的沉寂。

2001年，中國政府為了因應加入WTO也同時為了解決A股、B股市場差異，開放大陸內地人士投資B股，此舉，可算是為未來兩種股市合併鋪路。

台灣與大陸股市交易的差異

　　台灣、港澳等境外人士目前可以投資的市場是大陸B股，跟大家所熟知的台灣股市比較不同的股票買賣方式大約有以下幾點：

1、類似當沖：上海B股交易在股票尚未過戶之前，投資人可以賣出當天買入的股票；B股是採T+3制度，也就是成交後第四天才能賣出，但深圳B股則可在股票買入後的第二個營業日賣出股票。很類似台灣的當沖交易。

2、現金到位才可以下單：為了避免違約交割的情況，所有的交易均採現金到位才能下單的制度，跟全額交割股的交易模式很像。

3、交易成本高：不管買進、賣出，每筆成交易成本大約是成交金額的1%，成本算是高的。

4、無紙化交易：股票不像傳統的「股票」真的有一張「票」存在，大陸沒有印製股票而是透過磁卡進行下單、查詢交易紀錄。當然，也沒有所謂的「集保」。

中國股票種類

　　中國股票目前有下列幾種：

A股：提供中國境內居民投資，交易幣別是人民幣。

B股：提供境外、中國境內均可投資。以外幣(美金或港幣)交易。

H股：在中國大陸境內註冊、在境外發行並上市的股票。如香港H股、美國NASDAQ的N股、新加坡的S股等。

PT、ST特別股：連續三年虧損的股票被稱為PT股；而交易異常的股票則通稱為ST股票。有點類似台灣的全額交割股或警示股。

　　一般認為這類股票不具競爭力，但在大陸這可不是「鐵則」。有時這種股票反而成為飆股，是有心人的炒作對象。

如何買進大陸 B 股

Step 1：準備護照影印本、台胞證正本。

Step 2：親自到上海證交所、深圳證交所或是到合法登記的證券商辦理開戶(可委託他人辦理)。

Step 3：完成開戶手續。資金帳戶最小存款額每家券商規定不一樣。上海是美元帳戶、深圳是港幣帳戶。

Step 4：大陸證券公司很多，服務與優惠都不同，選擇時要張大眼睛。買賣股票投資人有權要求券商提供對帳單與餘額查詢。

B 股交易規則

交易所	上海交易所	深圳交易所
交易對象	1.港澳台法人與自然人 2.外國法人與自然人 3.中國境內自然人。	相同
交易時間	星期一～星期五 上午09:30～11:30 下午13:00～15:00	相同
交易單位	1,000股(一手)	相同
漲跌幅限制	前一交易日收盤價10% ST股為5%	相同
幣別	美元	港幣
信用交易	無	相同
交割時間	T+3 款券對付	T+3
零股	可賣出,不可買入	相同
升降單位	0.002美元	0.01港幣
委託種類	限價(不接受市價委託)	相同

B 股交易費用（買賣雙方同時徵收）

交易所	上海交易所	深圳交易所
開戶費	個人：15美元 法人機構：75美元 磁卡費：每戶10元人民幣	個人：120元港幣 法人機構：580元港幣。
手續費 （券商佣金）	1.成交金額50元人民幣以下，按0.6%計算。最低20元美金。 2.50～500萬按0.5%計算。 3.500萬以上按0.4%計算。	按成交金額0.43%計算。 最低5元港幣。
轉讓費	成交金額0.1%。	成交金額0.3%。 （買方負擔）
印花稅	成交金額0.3%。	成交金額0.3%。
過戶費	成交金額0.1%。最低1美元。	成交金額0.3%。 （賣方負擔）
信用交易	無	相同。
交割費	0	成交金額0.1%。 最低185港幣。
交易規費	成交金額0.3%。	成交金額0.341%。
所得稅	股息和紅利超過一年期定存的部分，課徵10%的所得稅。但資本利得為免稅。	相同。

國家圖書館出版品預行編目資料

中國股市，魚來了	/ 周密著. — 第一版.
	— 台北市：恆兆文化，2005 [民94]
272 面：14.8公分×21.0公分	— (看見中國系列：1)
ISBN 957-29466-6-8 (平裝)	
1.證券市場 – 中國大陸　2.投資 – 中國大陸	
563.62	94004679

中國股市，魚來了

看見中國系列 001

發 行 人	張　正
總 編 輯	鄭花束
特約主編	尤美玉
作 者	周　密
封面設計	王慧莉
出 版 所	恆兆文化有限公司
	(http://www.book2000.com.tw)
統一編號	16783697
電 話	02-27369882
傳 真	02-27338407
地 址	110台北市吳興街118巷25弄2號2樓
出版日期	2005年4月　初版一刷

(本書中文繁體字版由北京版權代理有限責任公司代理，經作者同意授權出版發行。)

Ｉ Ｓ Ｂ Ｎ	957-29466-6-8（平裝）
定 價	220 元
總 經 銷	農學社股份有限公司　02-29178022

訂購方法

● 郵政劃撥帳號：19329140

　　戶名：恆兆文化有限公司

● ATM轉帳

　　中華商業銀行　（仁愛分行）　銀行代碼：804

　　銀行帳號：032-01-001129-1-00

國民理財系列叢書

『國民理財』系列書號	書名	定價
Let's Finance！— 1	因為敗家，所以理財	149 元
Let's Finance！— 2	就拿3,000元，學買基金	149 元
Let's Finance！— 3	就拿2,000元，學買股票	149 元
Let's Finance！— 4	30分鐘報稅成功	88 元
Let's Finance！— 5	0存款，就這樣買房子	149 元
Let's Finance！— 6	不為孩子理財，要教孩子理財	149 元

想致富，方法很多
找出適合自己的方式，很重要！

團購優惠、歡迎上網或來電洽詢！

專案書號	書名	定價
Smart be rich -- 1	看懂財報，做對投資	199 元
Smart be rich -- 2	小家庭家計規畫書	129 元
Smart be rich -- 3	幸福存摺 2005年家計簿	199 元
Smart be rich -- 4	小太陽 親子理財合約	199 元

● 前請先來電（email）查詢，是否尚有您想要購買的圖書。
● 本公司交貨投遞一律經中華郵政（郵局）以普通函件方式投遞，不加收郵費。
● 付款方式：
　ATM轉帳：中華商業銀行仁愛分行（銀行代號：804），帳號：032-01-001129-1-00
　郵政劃撥帳號：19329140　戶名：恆兆文化有限公司
● 連絡資訊：
　連絡電話：02-27369882　傳真：02-27338407　email：service＠book2000.com.tw
　地址：110 台北市吳興街118巷25弄2號2樓　恆兆資訊網 http://www.book2000.com.tw

恆兆文化圖書訂購確認單　　Tel:02-27369882、Fax:02-27338407

商品名稱	數量	單價	折扣	小計

帳務確認單據　（劃撥、ATM轉帳）	◎　連絡資訊
單據黏貼處	收件人： 投遞地址：□□□□□ 發票　□三聯式　□二聯式 抬頭： 發票地址： 連絡電話： email：

戶名：恆兆文化有限公司　　郵政劃撥帳號：19329140

ATM轉帳　　　中華商業銀行（仁愛分行）銀行代碼：804

帳號：032-01-001129-1-00　　　　請影印發大至A4使用

魚來了

魚

來了

魚來了